NUEVOS MUNDOS

CUADERNO DE ESPAÑOL PARA BILINGÜES

TERCERA EDICIÓN

NUEVOS MUNDOS
CUADERNO DE ESPAÑOL PARA BILINGÜES

ANA ROCA

Florida International University

JOHN WILEY & SONS, INC.

Nuevos mundos Answer Key supplement, which contains the answers for this workbook, are available to instructors at www.wiley.com/college/roca.

COVER PHOTO   Photo courtesy of Ana Roca

This book was set in New Baskerville 11/13 by Prepare Inc. and printed and bound by Bind Rite Graphics. The cover was printed by Bind Rite Graphics.

This book is printed on acid free paper.

Founded in 1807, John Wiley & Sons, Inc. has been a valued source of knowledge and understanding for more than 200 years, helping people around the world meet their needs and fulfill their aspirations. Our company is built on a foundation of principles that include responsibility to the communities we serve and where we live and work. In 2008, we launched a Corporate Citizenship Initiative, a global effort to address the environmental, social, economic, and ethical challenges we face in our business. Among the issues we are addressing are carbon impact, paper specifications and procurement, ethical conduct within our business and among our vendors, and community and charitable support. For more information, please visit our website: www.wiley.com/go/citizenship.

Evaluation copies are provided to qualified academics and professionals for review purposes only, for use in their courses during the next academic year. These copies are licensed and may not be sold or transferred to a third party. Upon completion of the review period, please return the evaluation copy to Wiley. Return instructions and a free of charge return mailing label are available at www.wiley.com/go/returnlabel. If you have chosen to adopt this textbook for use in your course, please accept this book as your complimentary desk copy. Outside of the United States, please contact your local sales representative.

ISBN   978-1-118-15142-6

Printed in the United States of America

V10013634_090419

Prefacio para maestros y estudiantes

¡Bienvenidos a *Nuevos mundos*! Este cuaderno de ejercicios y actividades suplementarias para el texto del mismo nombre, *Nuevos mundos*, es útil para repasar y practicar aquellos puntos de ortografía, gramática y vocabulario que tradicionalmente les causan dificultades a los estudiantes bilingües. Ofrece además oportunidades adicionales para practicar la escritura y para participar en actividades individuales y de grupo.

Mientras que en el texto principal hay una variedad de lecturas literarias y culturales, el cuaderno contiene ejercicios para aclarar ciertas dudas específicas sobre la lengua: si una palabra se escribe con *b* alta o con *v* corta; si otra se escribe con *c, z* o *s*; cuáles son las reglas de acentuación y cómo se aplican; cómo se asemeja o diferencia la puntuación del inglés; qué se considera lengua estándar y qué se necesita saber acerca de este concepto. Además de cuestiones de ortografía y gramática, este cuaderno ayuda al estudiante a ampliar el uso de frases idiomáticas, de refranes y proverbios y del vocabulario relacionado con temas o campos específicos.

En muchos casos, en las clases de español para estudiantes bilingües de niveles intermedios, hay estudiantes que tienen una variada gama de habilidades lingüísticas. Estas clases no solamente reflejan los grupos hispanos mayoritarios de cada área, sino también las múltiples culturas de habla española que hay en el país. Debido a la heterogeneidad que existe en estas clases, siempre va a haber grupos variados en términos de experiencia con la lengua nativa, entrenamiento formal en español y niveles de proficiencia en la lengua oral y escrita. Por estas razones se incluye aquí una variedad de ejercicios: algunos tal vez sean muy simples para ciertos estudiantes, pero no lo serán para otros. Aquellos ejercicios que no sean necesarios para algunos estudiantes, podrán saltarse o usarse como repaso. Los estudiantes que hayan tenido menos preparación formal o que no hayan estudiado español por algunos años, podrán beneficiarse de ellos.

Finalmente, al igual que el texto principal, el cuaderno se debe usar y adaptar de manera creativa y práctica. Gran parte de los ejercicios se podrán hacer de tarea. Las respuestas de los ejercicios se encuentran en una clave en línea (www.wiley.com/college/roca) y cada profesor deberá decidir cómo usarla en sus clases. Algunos preferirán darle una copia a los estudiantes o guardarla en una sección de la biblioteca o del laboratorio de lenguas. Otros tal vez prefieran no darle la clave a los estudiantes y utilizar partes de los ejercicios como tareas para calificarlos.

Ana Roca
Florida International University

Al estudiante:
Estrategias para mejorar su español

- Lea regularmente textos de diferentes tipos: artículos de periódicos, revistas populares, cuentos, novelas. La lectura es uno de los métodos más eficaces en el aprendizaje y desarrollo de la proficiencia de un idioma.

- No lea solamente sobre temas académicos. Haga el esfuerzo de buscar y encontrar material en español que a usted le interese y que disfrute leer. Por ejemplo, explore revistas populares o de interés cultural como: *Geomundo, Américas, Selecciones del Reader's Digest, Mecánica Popular, Vanidades, Time en español; Discovery en español*, etc. Utilice el Internet para encontrar aún más lecturas en español.

- A medida que usted vaya leyendo en la clase y fuera de ella, apunte en una libreta las palabras o frases problemáticas que encuentre y que le sean útil recordar para mejorar la ortografía y la comprensión del español.

- También busque cuentos de autores populares que tratan variados temas como: el amor, la muerte, la locura (por ejemplo, de Horacio Quiroga), el tiempo y el espacio, lo fantástico (Jorge Luis Borges, Gabriel García Márquez) y artículos de periódicos en español de Estados Unidos (como *de El Nuevo Herald* de Miami o *La Opinión* de Los Ángeles) o del extranjero (*El País* o *El Mundo de España, El Clarín* o *La Nación* de Argentina, *Excelsior* de México, etc.), que se pueden encontrar en los puestos de algunas ciudades de los Estados Unidos, en una biblioteca universitaria o local o fácilmente por medio del Internet. Recuerde que puede usar estos recursos cuando haga investigaciones para otras clases universitarias, bien sean de ciencias, de historia o incluso de literatura escrita en inglés.

- Escuche estaciones latinas de radio y mire programas de televisión en español. Adquiera el hábito de mirar las noticias en español, ya que ofrecen una oportunidad de adquirir mucho vocabulario y expresiones nuevas.

- Repase y practique la aplicación de las reglas que estudie en este cuaderno. Son representativas de algunos de los problemas más comunes que experimentan los estudiantes bilingües. Por medio de los ejercicios de ortografía, gramática y vocabulario tendrá una oportunidad adicional para practicar y desarrollar la lengua escrita.

- Vaya al cine a ver películas en español cuando tenga la oportunidad, o vea películas disponibles en video que recomiende su profesor(a) o compañeros.

- Asista a conferencias o presentaciones en español en su universidad y en su comunidad.

- Participe en organizaciones o asociaciones latinas de su universidad y comunidad.

Contenido

La presencia hispana en los Estados Unidos

Lea esta cita y piense en ella mientras trabaja en este capítulo. ¿Cómo puede relacionar las ideas de la cita con su propia experiencia? Al terminar el capítulo escriba un breve párrafo sobre el tema o comparta sus ideas con sus compañeros de clase.

I have developed a linguistic ambidexterity that, I will be the first to admit, is not at all typical. Even so, it is within reach of others ... this thrilling experience of being dual, of taking from one linguistic river and then dipping into the other, until the confluence of the two vocabularies connects distant communities. This is an experience that I wish all Americans could share.[1]

— Ariel Dorfman, escritor y profesor de literatura y estudios latinoamericanos en la Universidad de Duke

I. Ortografía

A. El alfabeto español

La correspondencia entre las letras y los sonidos en español no es exacta o absoluta, pero por lo general cada sonido es representado por una letra. Debido a eso se dice que el español es un idioma fonológico.

EL ALFABETO ESPAÑOL: EL ABECEDARIO

Letra	Nombre	Ejemplos
a	a	Argentina, alma, día, abuela, Ana, plata
b	be	Berta, Bolivia, burro, escribir, bisabuelo
c	ce	Colombia, Celia, camarero, cero, acción, cubo
ch	che	Cheo, China, chocolate, hacha, chulo
d	de	Daniel, diccionario, difícil, Dinamarca, dedo
e	e	estrés, Eduardo, Ecuador, economía, ensayo
f	efe	Francisco, facultad, filosofía, Francia, fósforo
g	ge	Guatemala, Gerardo, gente, digno, gitano
h	hache	Héctor, Honduras, hispano, hacer, ahora, anhelo
i	i (o i latina)	Israel, ideas, igual, Isabel, inepto, hielo
j	jota	Japón, jirafa, jugo, joven, Javier
k	ka	Kuwait, kilómetro, kilogramo, karate, koala

[1]Dorfman, Ariel. "*Empower children: Teach them a foreign language*", publicado en *The New York Times* y reproducido en *The Miami Herald*, viernes 3 de julio, 1998, p. 25 A.

l	ele	Libia, Lourdes, leche, latino, luz
ll	elle	lluvia, llorar, Guillermo, Sevilla, llano
m	eme	Marta, México, mundo, manos, amigo
n	ene	Nicaragua, nación, manejar, Norberto
ñ	eñe	ñoño, niñez, Iñaqui, montaña, España
o	o	Oviedo, Osvaldo, ocho, sol, oro
p	pe	Pepe, Panamá, pensar, pagar, amplio, captar
q	cu	queso, química, aquella, Quijote, Quito
r	ere	Rodolfo, Rumania, regla, recuerdo, raro
s	ese	Sudamérica, silla, sentir, Santiago, sensación
t	te	Tomás, Trinidad, tomate, tijera, té
u	u	Uruguay, unido, universidad, Úrsula, ubicuo
v	ve	Venezuela, vaca, vida, Viviana
w	doble ve o uve	Wilfredo, Washington, kiwi, hawaiano, waterpolo
x	equis	examinar, texto, Xochimilco, Alex, reflexión
y	i griega	Yolanda, Yucatán, playa, yerno, bayoneta
z	zeta	zona, Zaire, esperanza, Zoraida, lápiz

Notas

1. Como la correspondencia entre letra y sonido no es totalmente exacta se deben estudiar los casos que traen problemas al escribir. Esto ocurre, por ejemplo, cuando una letra tiene más de un sonido o cuando hay más de una letra que representa el mismo sonido. ¿Cuántas veces dudamos si una palabra se escribe con *s*, con *c* o con *z*? ¿O nos preguntamos si una palabra es con *h* o no? ¿O si se escribe con *j* o con *g*? ¿*B* alta o *v* corta? Aunque es imposible memorizar todas las reglas y las excepciones, por medio del repaso de algunas de ellas, ejercicios de práctica y abundante lectura, se puede poco a poco llegar a un buen dominio de la ortografía.

2. Todas las letras son femeninas (la *a*, la *b*, la *c*, etc.).

3. Para formar el plural, se añade *es* a las vocales y *s* a las consonantes.

   Ejemplo: Hay tres **aes** en la palabra **manzana** y dos **cus** en la palabra **quisquilloso**.

4. Tradicionalmente, la *ch* y la *ll* son consideradas letras del alfabeto. En el Congreso de la Asociación de Academias de la Lengua Española de 1994, se decidió que la *ch* y la *ll* no tendrían entradas independientes en los diccionarios. Esta reforma afecta únicamente al proceso de ordenación alfabética de las palabras, no a la composición del abecedario, del que *ch* y *ll* siguen formando parte. A la *rr* tampoco se la considera letra independiente.

5. La *k* y la *w* no son letras de origen español. Las palabras que contienen *k* o *w* son palabras de origen extranjero como *karma, kilo, watt, walkira*, de las cuales no hay muchas.

6. Las letras *b* y *v* generalmente se pronuncian de la misma manera. Muchas veces se distingue una letra de la otra llamando a la **be, be alta** o **be grande**. A la **ve** se la llama **ve corta** o **uve**.

7. La letra *h* no corresponde a ningún sonido del español de hoy. Es una letra muda, pero se sigue escribiendo por razones históricas y lingüísticas.

8. La *ñ* no se encuentra en otros alfabetos excepto en el vasco y el gallego. Sin embargo, hay otras lenguas que tienen ese sonido. En el portugués, se representa con las letras *nh*; en francés y en italiano, con la combinación *gn*.

Práctica

1. Escriba cinco palabras que tengan *k* o *w* en español. Puede consultar el diccionario para averiguar cuál es su origen.

   _____   _____

   _____   _____

   _____

2. Escriba cinco palabras que lleven *b* y cinco que lleven *v*. Consulte el diccionario si tiene dudas.

   _____   _____

   _____   _____

   _____   _____

   _____   _____

   _____   _____

3. Escriba diez palabras con *h* inicial.

   _____   _____

   _____   _____

   _____   _____

   _____   _____

   _____   _____

4. Lea estas expresiones idiomáticas con las letras del alfabeto. Escriba luego una oración con cada una.

Aprenderse algo de pe a pa.	*To learn something from A to Z.*
Poner los puntos sobre las íes.	*To explain something completely.*
No saber ni jota; no decir ni jota; no entender ni jota.	*Not to know a thing; not to say a word; not to understand a thing.*

   _____

   _____

_____

_____

_____

_____

_____

_____

_____

_____

 ## B. Diferencias ortográficas entre el español y el inglés

Existen algunas diferencias ortográficas entre el español y el inglés que suelen causarles dificultades a los estudiantes bilingües. Lea la siguiente tabla individualmente o en un grupo de tres o cuatro estudiantes. Trate(n) de encontrar otros ejemplos además de los presentados.

Español	Inglés	Ejemplos
f	*ph*	demografía / *demography*
		filosofía / *philosophy*
-sión	*-sion, -ssion*	expresión / *expression*
		conclusión / *conclusion*
		televisión / *television*
si	*psy*	sicólogo / *psychologist*
		síquico / *psychic*
-ción	*-tion*	comunicación / *communication*
		conversación / *conversation*
nm	*mm*	inmediatamente / *immediately*
		inmigración / *immigration*
t	*th*	tema / *theme*
		teatro / *theater*

Notas

1. A diferencia de lo que ocurre en inglés, en español no existe la doble *f*: difícil; *difficult.*

2. La sílaba **psi** se escribía antes en español con la *p* inicial. Actualmente se acepta también escribirla sin la *p*. Es más moderno no usar la *p*: p̲sicólogo; s̲icólogo.

3. Las formas plurales de las palabras que terminan en **-ción** y **-sión** no llevan acento: descrip**ción**, descrip**ciones**; can**ción**, can**ciones**; televi**sión**, televi**siones**.

Práctica

1. Escriba las siguientes palabras en español. Consulte un diccionario si tiene dudas:

affirmative _____   difference _____

efficient _____   passion _____

preservation _____   missions _____

profession _____   impossible _____

geography _____   physical _____

pharmacy _____   inspiration _____

frustration _____   abbreviation _____

invitation _____   theory _____

psychiatry _____   cathedral _____

authority _____   photograph _____

2. Ahora use las palabras del ejercicio anterior para completar las oraciones que siguen en forma lógica.

   a. No sé qué _____ me interesa más —la de abogado o la de médico.

   b. Tengo una tía que trabaja en terapia _____ en una clínica donde se tratan solamente atletas.

   c. Mi abuela dice que compra sus medicinas en la botica; ella no usa la palabra _____.

   d. ¿Cuál es la _____ entre el estado legal de los puertorriqueños y el de los mexicanos en los Estados Unidos?

   e. Es prácticamente _____ tener una cifra exacta de los latinos que residen en los EE.UU., dado que hay muchos indocumentados.

   f. Ayer mi hermanito recibió una _____ para la fiesta de quinceañera de una amiga cubana.

   g. Durante el siglo XVIII los sacerdotes españoles establecieron muchas _____ en California.

h. Mantener el idioma español entre los jóvenes de origen hispanoamericano es muy importante para la _____ de la cultura hispana en los EE.UU.

i. La _____ más grande de mi abuelo en este país fue que nunca llegó a dominar bien el inglés.

j. Mi tío Jorge Luis tenía una _____ sobre los idiomas: opinaba que había que aprenderlos desde muy joven para poder dominarlos.

k. Aquí tengo una _____ de él de joven, cuando todavía vivía en Colombia. Era buen mozo, ¿no?

C. La división de sílabas

La división de sílabas no funciona en español de la misma manera que en inglés. Es importante familiarizarse con las reglas para poder colocar correctamente los acentos o para dividir una palabra al final de una línea.

La **sílaba** es el sonido o agrupación de sonidos que se pronuncia de un solo golpe o emisión de voz. Una **sílaba** puede estar formada por una vocal o por una combinación de vocal y consonante(s); nunca se forma de consonantes solas.

Para dividir en sílabas en español se debe tener en cuenta algunas de las siguientes reglas, y cuando tenga dudas, consulte un diccionario:

1. Por regla general, una consonante forma sílaba con la vocal que le sigue (ta-co, me-sa), o con la vocal que le antecede (ad-ver-tir).

2. Cuando existen grupos de consonantes alrededor de la vocal se observan las siguientes convenciones:

a. Cuando una consonante se encuentra entre dos vocales, forma parte de la sílaba siguiente (ta-**l**ón), y no de la anterior.

b. Las combinaciones de consonantes usuales en español (**pl, bl, cr, gr, fr, fl, tr, dr,** etc.) no se separan de la vocal que las acompaña (plá-ci-do, a-za-frán, blan-co). Esta regla se cumple asimismo cuando la vocal antecede al par **ns** (co**ns**-ti-tu-ción). «Transmisión» es una palabra en la que se dan los dos casos anteriores (tr+a+ns...) (trans-mi-sión). Cuando una vocal está rodeada por un grupo de cuatro consonantes, le corresponden dos, las otras dos se unen a la vocal siguiente (obs-truc-ción, trans-gre-sión).

c. Las combinaciones de las letras *rr, ll* y *ch* no pueden separarse (te-rri-ble, lle-va-de-ro, chí-cha-ro) porque representan un solo sonido.

d. La *h*, aunque muda, sigue las mismas reglas que las otras consonantes (ad-he-rir, des-hie-lo).

e. El par de letras *qu* nunca se divide (que-so, que-rido).

3. Para la silabización de las vocales se debe tener en cuenta lo siguiente. Las vocales se separan en dos grupos: **fuertes** o **abiertas** (*a, e, o*) y **débiles** o **cerradas** (*i, u*). Cuando dos vocales fuertes aparecen juntas, nunca se pronuncian de un solo golpe de voz, sino que dan lugar a dos **sílabas separadas** (te-a-tro, ko-a-la) y se dice que son vocales en **hiato** (o sea, que no forman un diptongo).

La combinación de una vocal fuerte y una débil o de dos vocales débiles, constituye un **diptongo**, que siempre forma parte de una sílaba (Ce-ci-**lia**, **sue**-lo, **tio**-vi-vo, **viu**-da, **bui**-tre, **deu**-das, **rei**-na, **au**-la).

Cuando el acento ortográfico cae en una vocal débil, ya sea en un par débil-fuerte o en uno fuerte-débil, la división se lleva a cabo desuniendo esos pares (**ra**-**íz**, te-**ní**-**a**, fre-**ír**, Ma-**rí**-**a**, o-**í**-do, **rí**-o) con la tilde que "rompe" el diptongo. Cuando el acento recae en una vocal débil (*i, u*), esta deja de ser débil y funciona como una vocal fuerte (*a, e, o*), formando sílaba separada en vez de formar diptongo (ba-**úl**, **bú**-ho, pa-**ís**, a-**hí**). En el caso de las palabras que contienen **triptongos** (una vocal fuerte flanqueada por dos débiles), la sílaba contendrá el conjunto vocálico (a-pre-**ciáis**, **miau**, **guau**-**guau**, es-tu-**diáis**).

Práctica

1. Separe las siguientes palabras en sílabas:

oscuro	_____	contraer	_____
hacia	_____	hacía	_____
submarino	_____	alegría	_____
mármol	_____	guión	_____
agua	_____	deshecho	_____
agua	_____	manotear	_____
miel	_____	ahijado	_____
anular	_____	tensión	_____
ahumado	_____	geometría	_____
guajiros	_____	paisajes	_____
maíz	_____	búho	_____
línea	_____	ciudadanía	_____

2. Escriba cinco palabras que tengan un diptongo. Luego consulte un diccionario y compruebe si las ha escrito correctamente.

_____   _____

_____   _____

_____

3. Escriba un ejemplo de cada uno de las siguientes tipos de palabras:

a. monosílaba (de una sílaba) _____

b. bisílaba (de dos sílabas) _____

c. trisílaba (de tres sílabas) _____

d. polisílaba (de varias sílabas) _____

 ## II. Gramática

A. El uso de los pronombres personales

En español, igual que en inglés, los pronombres personales se usan en lugar del nombre para indicar quién realiza la acción. Lea individualmente o con un(a) compañero(a) la tabla siguiente. Dé(n) ejemplos usando cada uno de los pronombres presentados.

LOS PRONOMBRES PERSONALES

Singular		Plural	
yo	I	nosotros, -as	we
tú	you	vosotros, -as	you
usted	you	ustedes	you
él	he	ellos, -as	they
ella	she		

OBSERVACIONES SOBRE EL USO DE LOS PRONOMBRES PERSONALES

1. Tú y usted

En español hay dos formas principales de dirigirse a una persona: una formal, **usted**; y otra familiar, **tú**.

a. El uso de **usted** es similar al uso de un título en inglés, como *Dr., Mr., Professor*, etc. Aun cuando uno llegue a conocer mejor a algunas personas, es apropiado seguir usando la forma **usted** en circunstancias formales, debido al tipo de relación que existe y a la distancia que se debe o desea mantener en términos de formalidad.

Se usa **usted** en los siguientes casos:

- para indicar respeto hacia la persona con quien se habla

- con las personas mayores de edad

- con todas las personas que uno no conoce bien o que están en una posición de poder o autoridad; por ejemplo: sus profesores, su jefe, la policía, un sacerdote, una persona que ha conocido en un contexto profesional, los padres de un compañero, su médico, su dentista.

b. El uso de **tú** es similar a la práctica en inglés de dirigirse a alguien por su nombre. Sin embargo, en español es posible dirigirse a una persona por su nombre, pero usar la forma **usted** como muestra de respeto y cortesía, por ejemplo: «María, ¿quisiera usted venir a casa a cenar con nosotros la semana que viene?»

Se usa **tú** en los siguientes casos:

- con sus padres, parientes y otros familiares

- con compañeros de clase o trabajo que generalmente son de la misma edad

- con niños pequeños

c. Como hay variedad en el uso del **tú** y del **usted** en los países de habla hispana, lo más aconsejable es usar **usted**, a menos que le indiquen expresamente que pueda **tutear** y se sienta cómodo(a) haciéndolo, según el contexto de la interacción y de la relación.

2. El voseo

El **vos** se usa en lugar del **tú** o **ti** en ciertas regiones de América Latina, sobre todo en Argentina, Uruguay, Paraguay, en el sur de México, y también en Centroamérica (Costa Rica, Honduras, Nicaragua, Guatemala). Observe cómo cambia el uso de los verbos en el segundo ejemplo.

Ejemplos:	El regalo es para **vos**.	(*El regalo es para **ti**.*)
	Vos tenés muchísima suerte, ¿lo **sabés**?	(*__Tú tienes__ muchísima suerte, ¿lo **sabes**?*)
	Quisiera ir al cine **con vos** esta noche.	(*Quisiera ir al cine **contigo**...*)

3. Vosotros(as)

Los pronombres **vosotros** y **vosotras** son las formas plurales de **tú**. Se usan principalmente en España, pero también se escuchan en Hispanoamérica. En las Américas generalmente se usa la forma **ustedes**, tanto en el caso familiar como en el formal.

En resumen:

tú y **vos**	expresan familiaridad
usted	expresa formalidad, respeto
ustedes	sirve de plural para las tres formas de arriba

Práctica

Indique si se usaría **tú** o **usted** en las siguientes situaciones.

_____ 1. Conversa con el Dr. Gilberto García, el nuevo profesor de historia.

_____ 2. Está charlando con Alicia, una joven amiga y compañera de clase.

_____ 3. Le pregunta a la aeromoza del avión de Iberia a qué hora llegará el avión a Madrid.

_____ 4. Su profesor(a) ha dejado las llaves en la oficina y llama a un guardia de seguridad para que le abra la puerta.

_____ 5. Ramón le pide a su hermana Cristina que le ayude con la tarea de química.

_____ 6. Le pregunta al mecánico nuevo que acaba de conocer si cree que puede arreglar su auto para mañana.

_____ 7. Se dirige a una compañera de clase que es una joven de su edad para preguntarle su nombre.

_____ 8. Llama a las oficinas del museo de arte de la universidad para averiguar el horario.

_____ 9. La mamá de Robertico quiere decirle que él tiene la televisión muy alta y la debe bajar. Él no la oye y ella se enfada. Levanta la voz al llamarlo.

_____ 10. Como su mejor amiga no se encuentra en casa, usted le deja un recado por teléfono con el abuelo para que le diga que lo(a) llame cuando regrese.

B. El uso de las mayúsculas y minúsculas

El uso de las letras mayúsculas y minúsculas no es igual en español que en inglés. Las mayúsculas se emplean menos en español.

1. En español se usa **letra mayúscula** en los casos siguientes:

   a. Al comienzo de una oración o frase.

   b. Después de un punto, sea punto y aparte o punto y seguido.

   c. Con los nombres propios y los apellidos, las iniciales, los apodos, los títulos oficiales de organismos, instituciones, términos geográficos, etc.

María Bernal	José Hinojosa	el río Guadalquivir
Pepín	la Sierra Maestra	la Casa Blanca
la Cruz Roja	la Organización de Estados Americanos	

   d. Con los sobrenombres.

Alfonso X, el Sabio	Isabel, la Católica
Alejandro Magno	Jack, el Destripador

   e. Con los nombres y pronombres que se refieren a Dios, la Virgen María, y los atributos que se utilizan en referencia a los mismos.

el Divino Creador	Nuestro Señor	la Santísima Trinidad
el Salvador	la Virgen Santísima	el Espíritu Santo

   f. Con la primera letra de los títulos de obras de arte, literarias, musicales, técnicas, etc.

   El mundo alucinante, novela de Reinaldo Arenas

   Introducción al periodismo, libro de texto

   Manual de mecánica de aviación, manual técnico

   g. Con los números romanos que se emplean a menudo para indicar divisiones de capítulo en libros, orden dinástico de una monarquía, siglos, etc.

Enrique VIII	Felipe II	siglo XIX
el papa Juan Pablo II	Capítulo XI	

   h. Con los días feriados, como de tipo religioso, nacional o histórico, etc.

Día de la Independencia	Día de los Reyes Magos
Día de los Enamorados	Navidad
Semana Santa	Año Nuevo
Día del Médico	Día de las Madres

i. En los tratamientos de cortesía, en particular cuando se hace uso de la abreviatura.

Sr., Sra., Srta.   Lcdo., Lcda.   Pdte.

Dr., Dra.   D., Dña.   Ud.

Note que en el caso de *usted*, no se usa la mayúscula cuando la palabra se presenta entera (*Ud.* o *usted*, *Uds.* o *ustedes*).

j. Después de los dos puntos cuando se hace una cita textual.
Existe un refrán muy conocido: «Antes que resuelvas nada, consúltalo con la almohada».

k. Cuando el artículo determinado es parte del nombre de una ciudad o país.

El Salvador   La Habana   La Paz   La Haya

l. Con las siglas que identifican organizaciones nacionales, internacionales, comerciales, políticas, etc.

OEA   OTAN   ONU   AVIANCA   FBI

m. Con los nombres de las asignaturas académicas: Literatura, Lingüística, Biología, Matemáticas, Física, Química, Historia...

2. En español **NO** se usa letra mayúscula en los siguientes casos:

a. Con los nombres de los días de la semana: lunes, martes, miércoles...

b. Con los meses del año: enero, febrero, marzo, abril...

c. Con las estaciones del año: verano, otoño, primavera, invierno.

d. Con los gentilicios: mexicanos, chilenos, dominicanos, colombianos...

e. Con los nombres de las lenguas: español, guaraní, inglés, catalán...

f. Con los adjetivos que se refieren a las religiones: judío, católico, luterano, metodista, musulmán, hindú, bautista...

g. Con preposiciones, artículos y conjunciones incluidos en nombres propios: Luis de la Vega, Museo del Prado, Banco de Bilbao, Manuel de Torres...

Práctica

1. Coloque la letra mayúscula donde sea necesario, según las reglas anteriores.

a. estamos muy orgullosos de nuestro progreso en la clase de español.

b. sandra cisneros y denise chávez son dos escritoras chicanas populares.

c. la quinta avenida de nueva york siempre está de moda.

d. la revista *geomundo* es muy instructiva y bonita.

    e. cristobal colón descubrió las antillas en el siglo xv.

    f. algunos piensan que alina es mexicana, pero ella es guatemalteca.

    g. no creo en dioses sino en dios.

    h. la sra. garcía no conoce a don francisco.

    i. mi madre es demócrata y mi padre republicano, y se cancelan los votos el uno al otro.

    j. el sábado salgo para santo domingo, donde podré practicar español a gusto.

2. Corrija los errores de mayúsculas y minúsculas que encuentre en la nota a continuación.

23 De Octubre De 2014

querida julia:

¿qué tal? una cartica rápida para saludarte. Tengo un horario muy ocupado este semestre. estudio Matemáticas, biología, Inglés, historia y Antropología. Dos de mis clases—la de lengua y la de Filosofía—son los Lunes, Miércoles y Jueves; las restantes son los Martes y Viernes. La profesora quiñones es nuestra maestra de Español. Nos ha dicho que tal vez podamos planificar un viaje a guadalajara el próximo Otoño. Yo preferiría visitar la capital, el distrito federal. ¿Crees que la podamos convencer? te aviso si podemos ir de visita a México. Si no nos vemos entonces, tal vez pueda hacerte la visita durante las vacaciones de navidad.

Como ves, todo bien por aquí. Bueno, te escribo más otro día cuando tenga conectada mi Computadora nueva y te pueda empezar a mandar correo electrónico.

un abrazo y saludos,

Diana.

III. Vocabulario

A. La lectura y los diccionarios

Cada lector usa diferentes estrategias cuando se enfrenta a palabras o expresiones desconocidas. Algunos lectores continúan leyendo sin detenerse mucho, con la esperanza de que el contexto los ayudará a entender el escrito. Otros lectores prefieren saber el sentido exacto de la palabra y usan el diccionario.

Para saber qué tipo de lector es usted, conteste estas preguntas. Puede también hacer una encuesta entre sus compañeros para determinar los hábitos de lectura que tienen y cómo usan el diccionario.

- ¿Usa usted los diccionarios con frecuencia?
- ¿Tiene un diccionario de bolsillo práctico para usar en todo momento?
- ¿Tiene un diccionario más completo en casa para consultar cuando tiene dudas o necesita saber los posibles significados de una palabra?
- ¿Ha explorado los diferentes tipos de diccionarios que tiene su biblioteca? ¿A qué se refiere un diccionario de etimologías?
- ¿Usa también los diccionarios disponibles en el Internet? ¿Sabe que existe un *spell check* en español igual al del inglés?
- ¿Cómo varía su uso del diccionario según el tipo de lectura que hace y el propósito de su lectura? ¿Por qué?
- ¿Usa las mismas técnicas de lectura en español que en inglés?
- ¿Qué ocurre a veces cuando trata de buscar frases idiomáticas en un diccionario? ¿Se encuentran fácilmente siempre? ¿Necesita usar un diccionario especializado?
- ¿Tiene su biblioteca diccionarios de mexicanismos, puertorriqueñismos, cubanismos, del español chicano, del español dominicano, nicaragüense, etc.? ¿Los conoce y los usa?

Cualquiera que sea el estilo de lectura que tenga, es esencial saber usar buenos diccionarios.

Práctica

A continuación se presenta una lista de palabras escogidas de este capítulo. Busque su significado en el diccionario, si le es necesario hacerlo. Luego escriba una oración con cada una de ellas.

desplazar _____

_____

crisol _____

_____

refectorio _____

_____

espartana _____

_____

sacralidad _____

_____

derretirse _____

_____

hojalata _____

_____

adquisitivo _____

_____

topónimos _____

_____

táctil _____

_____

 B. ¡A hacerse experto en los dos idiomas con todas sus variantes!

1. **Del español al inglés**

Es natural que en el ambiente de una comunidad bilingüe (inglés-español/español-inglés) como las que hay en los Estados Unidos, a veces se escuchen palabras y expresiones prestadas, inventadas o adaptadas del inglés. También hay palabras que se usan en inglés que provienen del español. Lea individualmente o con un(a) compañero(a) las palabras que siguen. Todas provienen del español. Agregue(n) a la lista otras palabras del mismo tipo que hayan leído o escuchado.

coyote	*barbecue* (de barbacoa)
rancho	*rodeo*
burro	*pueblo*

Otras palabras más

_____   _____

_____   _____

_____   _____

_____   _____

2. **Del inglés al español**

   Entre las palabras y expresiones provenientes del inglés se encuentran la palabra «canería» que leímos en el poema de Francisco X. Alarcón (página 10 del libro de texto) y la expression «te llamo pa' trás» que tanto se escucha en la calle.

3. **Estrategias para ampliar su vocabulario**

   Es importante poder tener la habilidad de comunicarse con hispanohablantes de cualquier parte del mundo. Es importante también poder comunicarse en diferentes registros y variantes de la lengua (en contacto o no con otras lenguas) para entender mejor y poder expresarse de la manera más apropiada y aceptable de acuerdo con las circunstancias y el contexto de cada situación.

   Mientras más vocabulario tengamos disponible, más poder lingüístico tendremos a nuestra disposición para comunicarnos con más personas y poder tener acceso más amplio al mundo de la lectura y del conocimiento. Las estrategias que siguen serán útiles para ampliar su vocabulario. Uno de los objetivos de esta clase es ayudarlo(a) a mejorar sus habilidades lingüísticas, de manera que aumente el poder de la comunicación efectiva, con más personas y de muchas maneras y estilos.

   • En una sección de su carpeta o en una pequeña libreta, forme un diccionario personal donde anote palabras y expresiones nuevas o curiosas que quiera recordar. Anote también cualquier pregunta que luego quisiera hacerle a su profesor(a) referente al vocabulario: expresiones, variantes, localismos, regionalismos, etc.

   • Consulte diccionarios (bilingües o monolingües) cuando le haga falta hacerlo. Podrá compartir y comentar en clase sus observaciones con sus compañeros. Si continúa añadiendo palabras y expresiones a lo largo del curso, al final del mismo contará con un pequeño glosario que le será muy útil.

Práctica

Anote sus propios ejemplos en la tabla de abajo. Se provee el primer ejemplo. En la primera columna debe anotar una palabra o frase que refleje la influencia lingüística del inglés sobre el español; en la segunda columna, anote la palabra o expresión equivalente de lo que se considera español estándar o convencional; y en la tercera, escriba el equivalente en inglés.

Expresión no estándar usada en comunidades bilingües (español-inglés)	Expresión convencional	Inglés
Llamar pa' tras	Volver a llamar	to call back

IV. Exploración y comunicación

Objetivo: En esta sección se le pedirá que lleve a cabo o participe en actividades de exploración y comunicación. Puede que incluya el uso de su biblioteca o del Internet; puede que incluya hacer una entrevista o una consulta a alguna persona, etc., y comunicar los resultados a su profesor(a) y compañeros de clase. A veces se le asignará una tarea por escrito y a veces se le pedirá que prepare un breve informe oral.

1. Los buscadores

Conéctese y familiarícese con los buscadores (*search engines*) que le serán útiles en esta y otras asignaturas para buscar sitios interesantes en la red. Puede elegir el idioma del buscador o puede explorar también en español.

2. Elección propia

Después de explorar un tema que le interese relacionado con el capítulo, escriba un breve párrafo de seis o siete oraciones sobre el mismo. Describa el tema que exploró, por qué lo escogió y qué averiguó, aprendió o disfrutó. Puede compartir su párrafo con sus compañeros.

_____

_____

_____

_____

_____

_____

_____

_____

_____

_____

_____

_____

_____

_____

_____

_____

_____

_____

_____

_____

_____

_____

_____

_____

 ## V. Para terminar

Escriba ahora en una hoja aparte un párrafo sobre la cita de Ariel Dorfman que aparece al comienzo del capítulo o comparta sus ideas sobre la misma con un(a) compañero(a) o con un grupo de tres o cuatro estudiantes.

Capítulo 2

Los mexicanoamericanos

Lea esta cita y piense en ella mientras trabaja en este capítulo. ¿Cómo puede relacionar las ideas de la cita con su propia experiencia? Al terminar el capítulo escriba un breve párrafo sobre el tema o comparta sus ideas con sus compañeros de clase.

Immigrant languages must be seen as a valuable and rich resource if we sincerely desire to increase this country's capacity to function in an international arena.[1]

— Guadalupe Valdés, conocida profesora de la Universidad de Stanford que se especializa en bilingüismo

I. Ortografía

A. La acentuación (Primera parte)

1. La sílaba tónica y las sílabas átonas

En las palabras polisilábicas (que tienen más de una sílaba) siempre se puede notar que una sílaba se pronuncia con más fuerza que las otras. A esa sílaba se le llama la **sílaba tónica**. Las **sílabas átonas** son las sílabas que no reciben esa fuerza.

Por ejemplo, si pronuncia la palabra **mú**-si-ca puede notar que la sílaba **mu** es la que recibe la mayor intensidad. Si usted trata de pronunciar esta palabra de otra forma (mu-**sí**-ca o mu-si-**cá**) se dará cuenta inmediatamente de que la palabra no le suena conocida.

Tenga cuidado con la pronunciación de algunas palabras (que son cognados), que aunque se escriben de forma muy parecida en inglés y en español, reciben la fuerza de la voz en una sílaba diferente, como sucede con *sofa* en inglés y so**fá** en español; *telephone* y te**lé**fono.

Práctica

Lea individualmente o con un(a) compañero(a) las palabras de la lista. Preste atención a la pronunciación de la sílaba tónica de cada palabra.

escri**bir**	ora**ción**	investi**gar**
li**bre**ta	pi**za**rra	pa**pe**les
ca**pí**tulo	te**lé**fono	**huér**fano
llévaselo	**rá**pidamente	**vén**daselo
préstamo	ho**ra**rio	impri**mir**
lápiz	**si**lla	re**loj**
en**tré**gasela	pa**pá**	**má**quina

Con la excepción de los monosílabos (**del, con, mi, fue, ti, haz,** etc.), en todas las palabras en español hay una sílaba que recibe la mayor intensidad o fuerza en la

---

[1] Valdés, Guadalupe. "Foreign Language Teaching and the Proposed National Foundation for International Studies." *Profession 88.* New York: Modern Language Association. p. 7.

pronunciación. Sin embargo, como puede observar en la lista anterior, la sílaba tónica no siempre lleva acento escrito o tilde.

En el caso de los **monosílabos** (palabras de una sola sílaba), el acento tónico cae en la única sílaba del término: **fue**, **fui**, **fe**, etc. De modo que, **como regla general, las palabras de una sola sílaba no requieren la tilde**. La excepción a esta regla es cuando existe otro monosílabo que se escribe de la misma manera, pero se usa de otra forma, como por ejemplo: **tu** (*your*) y **tú** (*you*). Uno de ellos llevará la tilde para distinguirse del otro.

2. **El acento prosódico, el acento ortográfico, el acento diacrítico y el acento enfático.** Existen cuatro tipos de acentos en español:

   a. El **acento prosódico** es el acento o fuerza de la voz que escuchamos en una palabra de dos o más sílabas, pero que no se indica por escrito. Se escucha, pero no se escribe.

   b. El **acento ortográfico** se indica con **la tilde** o **acento escrito**, según las reglas de la acentuación.

   Aunque es casi aceptable en el uso informal de la lengua no poner los acentos cuando caen sobre una letra mayúscula, como al principio de una oración: *El y ella fueron a una fiesta el domingo* (*Él y ella...*), las reglas prescriben que se incluya la tilde en las letras mayúsculas cuando la palabra lleva acento. Sin embargo, en la práctica es común no usar el acento en anuncios, carteles y otros escritos menos formales.

   c. El **acento diacrítico** también se indica con una tilde, pero no sigue las reglas regulares de la acentuación. Se usa para distinguir palabras que se escriben de la misma forma, pero tienen un sentido diferente y una función gramatical diferente. A continuación una lista de palabras que llevan acento diacrítico para distinguirlas de otras que se escriben del mismo modo:

aún (*still, until*)	aun (*even, also*)	él (*he*)	el (*the*)
más (*more*)	mas (*but*)	mí (*me*)	mi (*mine*)
sé (*I know*)	se (*refl. pron.*)	sí (*yes*)	si (*if*)
té (*tea*)	te (*refl. and pers. pron.*)	tú (*you*)	tu (*your*)

   Hasta hace unos años los pronombres demostrativos (**ese/esa/esos, este/esta/estos, aquel/aquella/aquellos**) también llevaban tilde para distinguirlos de los adjetivos demostrativos. Por ejemplo, era necesario escribir *Dame aquél, no éste* para distinguirlo de *Dame aquel lápiz, no este bolígrafo*. Hoy día no es necesario escribir los pronombres demostrativos con tildes. De la misma manera, antes era necesario escribir el adverbio **solo** (*only*) con tilde para distinguirlo del adjetivo **solo** (*by my/him/herself, alone*). Según la reforma académica de la ortografía del 2006, no es necesario escribir estas palabras con tilde, incluso en casos de ambigüedad. Sin embargo, no le extrañe si encuentra estas palabras acentuadas. Tampoco es incorrecto escribirlas con tilde para evitar la confusión de la función gramatical de la palabra.

   d. El **acento enfático** también se indica con una tilde en casos de expresiones interrogativas y exclamativas. Los pronombre interrogativos y exclamativos *qué, quién, cómo, cuál, cuándo, cuánto, cuán, dónde* y *adónde* llevan el acento escrito para distinguirlos de los pronombres relativos y conjunciones que se escriben del mismo modo. Así, se escribe *¿Dónde viven tus padres?* con tilde, pero *Es lejos donde viven tus padres*. Del mismo modo, una expresión exclamativa como *¡Qué buena suerte tienes!* se escribe con tilde, pero **que** no lleva acento escrito cuando funciona como pronombre relativo: *¿Quién es esa persona que tiene tan buena suerte?*

3. **La clasificación de palabras por sílabas**

    Las palabras se clasifican de la siguiente manera según la localización de la sílaba tónica:

    a. **Las agudas** reciben la fuerza <u>en la última sílaba</u>:

murió	reunión	papá	tened	canción	mayor
candor	café	reloj	aprender	beber	visión

    b. **Las graves o llanas** reciben la fuerza <u>en la penúltima sílaba</u>:

ár-bol	pre-cio	car-te-ro	mi-tos	com-pa-ñí-a
ca-fe-te-rí-a	vien-to	ha-blan-do	fá-cil	al-ter-nan-cia

    c. **Las esdrújulas** reciben la fuerza <u>en la antepenúltima sílaba</u>:

ál-ge-bra	ca-tá-lo-go	vá-li-do	mí-ra-los	lin-güís-ti-ca
bá-si-co	te-lé-fo-no	sim-pá-ti-co	Mé-xi-co	gé-ne-ro

    d. **Las sobreesdrújulas** reciben la fuerza <u>en la sílaba anterior a la antepenúltima</u>:

di-ga-se-lo	tén-ga-me-lo	es-crí-ba-me-lo	de-vuél-va-me-lo
úl-ti-ma-men-te	pa-gá-ba-mos-la	prés-ta-se-lo	

4. **Las reglas de la acentuación ortográfica**

    Regla #1: Las palabras **agudas** llevan tilde si terminan en **vocal** o en **n** o **s**:

mamá	temió	café	común	pagarás
mesón	billón	inglés	harás	corazón

    Las palabras agudas con una consonante anterior a la **n** y la **s** final no llevan acento escrito. Generalmente son nombres propios.

    Isaacs   Casals

    Las palabras agudas terminadas en **y** tampoco llevan el acento escrito.

    Uruguay   Camagüey

    Regla #2: Las palabras **llanas** llevan tilde en la penúltima sílaba si terminan en cualquier consonante que no sea **n** o **s**:

mástil	árbol	útil	huésped	automóvil	lápiz	azúcar

    Excepciones: bíceps   tríceps

    Regla #3: Las palabras **esdrújulas** y **sobreesdrújulas** llevan el acento escrito siempre, sin excepción.

elástico	teléfono	kilómetro	miércoles
préstamelo	dígaselo	véndaselos	explíquemelo
llévatelo	escríbamelo	matemáticas	murciélago

Hay otro proceso más fácil para determinar si una palabra requiere o no la tilde. Puede proceder de la siguiente manera sin tener en cuenta las categorías de aguda, llana y esdrújula.

---

1. Fíjese en la letra en que termina la palabra.

2. Pronuncie la palabra para determinar dónde cae la fuerza de la voz.

3. Si la palabra termina en **vocal**, *n* o *s* y la fuerza cae en la **penúltima sílaba**, no lleva acento escrito: ca<u>rr</u>o, investiga<u>cione</u>s, <u>hom</u>bre. Si la fuerza cae en cualquier otra sílaba, entonces lo lleva: investiga**ción**, ja**más**, a**llá**, **rá**pido.

4. Si la palabra termina en cualquier otra letra, es decir, **una consonante que no sea** *n* **o** *s*, y la fuerza cae en la **última sílaba**, la palabra no lleva acento escrito: se**ñor**, gen**til**, te**naz**. Si la fuerza cae en cualquier otra sílaba, lo lleva: **Víc**tor, ver**sá**til, **Sán**chez.

Práctica

1. Identifique entre las palabras de la siguiente lista aquellas que son agudas (A), llanas (LL), esdrújulas (E) y sobreesdújulas (S). Para ampliar su vocabulario, use un diccionario si tiene dudas sobre el significado de alguna palabra.

_____ México	_____ genio	_____ agravar
_____ riñón	_____ virgen	_____ esquivo
_____ aliñar	_____ injuria	_____ comilla
_____ exámenes	_____ repudiado	_____ cadáver
_____ escabeche	_____ Teotihuacán	_____ raíz
_____ alfiler	_____ orquídeas	_____ dogma
_____ síndrome	_____ política	_____ pirámide
_____ identidad	_____ arroz	_____ caballo
_____ metrópoli	_____ número	_____ indígena
_____ católica	_____ sensato	_____ convenio
_____ esdrújula	_____ polémico	_____ dialecto
_____ registros	_____ bujías	_____ exportación

2. Aunque todas las siguientes palabras son **agudas** (la sílaba tónica es la última), no todas requieren la tilde. Póngale tilde a las palabras que la requieran y prepárese para explicar brevemente en clase por qué la tilde es o no es necesaria. Consulte las reglas anteriores si es necesario.

Ejemplo: volcán   <u>es aguda y termina en *n*</u>
cartel   <u>es aguda y no termina en *n*, *s*, o **vocal**</u>

camion	_____	alli	_____
actor	_____	tiburon	_____
edad	_____	patin	_____
sazon	_____	reloj	_____
ojala	_____	dio	_____

agitar	_____	leon	_____
sillon	_____	debatir	_____
autobus	_____	mitad	_____
aragones	_____	atras	_____
Noe	_____	ingles	_____
precoz	_____	vejez	_____
altitud	_____	aji	_____
picazon	_____	compas	_____
remador	_____	bozal	_____
baul	_____	conocio	_____
guarani	_____	corrio	_____
cafe	_____	limon	_____
Tomas	_____	Moscu	_____
Canada	_____	gubernamental	_____
marchare	_____	detras	_____

3. Aunque las siguientes palabras son **llanas** (la sílaba tónica es la penúltima), no todas requieren la tilde. Ponga la tilde donde se necesite y explique brevemente por qué se requiere o no.

Ejemplo:

ágil   <u>Es llana y termina en una consonante que no es ni *n* ni *s.*</u>

peluca	_____	azucar	_____
mesa	_____	cesped	_____
examen	_____	martes	_____
virgen	_____	niños	_____
enseña	_____	chispa	_____
cincuenta	_____	demente	_____
arbol	_____	martir	_____
calambre	_____	tribu	_____
crater	_____	timbre	_____
debil	_____	album	_____
listas	_____	repertorio	_____
enmiendas	_____	zapateria	_____

4. Las siguientes palabras son **esdrújulas** o **sobreesdrújulas**. Todas, sin excepción, llevan la tilde. Ponga el acento en la vocal apropiada.

criticos	cuenteme	medico	cantaros	excentrico
coagulo	calido	cronica	ecologo	galactico
arsenico	litografo	deficit	formula	fortisimo
ultima	gastrico	gramatica	obstaculo	telegrafo
dejeme	sotano	anonima	medico	digaselo
pagueselo	daselo	tomelo	quiereme	consigamelo

5. Coloque el acento escrito en las palabras que lo requieran.

finlandes	coche	fachada	arabe	perjudicial
pantalon	vela	niñeria	locuaz	filibustero
experto	hoja	tendria	marron	afilado
oleo	hueso	sangre	sangria	recalcitrante
vierta	creian	feroz	algido	ritmico
sequia	caotico	poeta	poesia	secuela
lleveselo	pajaro	jamas	guion	angeles
asi	aereo	digamelo	despues	xilofono
espiritu	esplendido	subvencion	magico	matricula

6. Escriba un breve párrafo en el que exprese su opinión sobre la situación de la economía en los Estados Unidos. ¿Ahorra más la gente o tiene más deudas que nunca hoy día? ¿Y usted? ¿Cuál es su opinión sobre la situación económica? Tenga en cuenta no sólo el mensaje que quiere comunicar, sino también los acentos y el uso de mayúsculas y minúsculas.

_____

_____

_____

_____

_____

_____

_____

_____

_____

_____

_____

_____

Nuevos mundos Cuaderno   © 2012 John Wiley & Sons, Inc.

B. Los signos de puntuación

Lea individualmente o con un(a) compañero(a) la lista que sigue. Luego trate(n) de pensar en ejemplos en los que se puede usar cada signo.

En español	En inglés
el acento escrito (´)	accent mark
el apostrofe (')	apostrophe
el asterisco o la estrellita (*)	asterisk
los corchetes ([ ])	brackets
la coma (,)	comma
los dos puntos (:)	colon
la diéresis (¨)	dieresis
la raya (—)	dash
el guión (-)	hyphen
los puntos suspensivos (…)	ellipsis
los signos de admiración (¡ !)	exclamation mark
los signos de interrogación (¿ ?)	question mark
el paréntesis ( )	parenthesis
el punto, punto seguido, punto final (.)	period
las comillas (" ")	quotation marks
el punto y coma (;)	semicolon

C. El uso de los signos de puntuación

Lea individualmente o con un(a) compañero(a) las reglas siguientes. Agregue(n) sus propios ejemplos a los presentados.

1. **El punto** se emplea:

   a. Para expresar ideas de sentido completo, separadas por «punto y seguido».

   b. Para separar en párrafos las ideas de un texto.

   c. Para dar fin a un escrito.

2. La coma se emplea:

   a. Para evitar la repetición de un verbo, en aras de un lenguaje más elegante.

   Ejemplo: Mario abandonó su faena a las doce del día, José, a las tres de la tarde.

   b. Para separar ideas complementarias en el ámbito de una oración.

   Ejemplo: Los peruanos, costeños y serranos por igual, votaron por este candidato.

c. Los sustantivos vocativos se colocan entre comas.

Ejemplo: Por favor, hijo mío, escúchame con atención.

d. En una enumeración, para separar los elementos de igual importancia, ya sean sustantivos, adjetivos, adverbios, etc.

Ejemplo: Al saber el resultado saltó, cantó y bailó de alegría.

3. **El punto y coma** se emplea:

a. Cuando la idea de la primera parte de la oración contrasta con la de la segunda, y hay una conjunción excluyeme que las separa.

Ejemplo: Hernando intentó motivar a su compañero; mas su intento fue en vano.

b. Si en la oración hay varias comas, y las ideas contenidas sugieren una separación menos radical que el punto y seguido.

Ejemplo: Las aves remontaron vuelo asustadas, en una algarabía general, explosiva; las águilas las siguieron, en silencio, amenazadoras.

4. **Los dos puntos** se emplean:

a. Antes de una enumeración.

Ejemplo: En la excavación se encontró lo siguiente: tres herramientas, cinco monedas y un amuleto.

b. Cuando se intercala en el texto una cita textual de otra fuente.

Ejemplo: El presidente declaró a los periodistas: «Firmaremos el tratado mañana por la tarde».

c. Cuando la idea final de un pensamiento actúa a modo de conclusión o resumen.

Ejemplo: Antonio se desplomó sobre la alfombra: estaba casi muerto de cansancio.

d. Después de una enumeración, también a modo de resumen.

Ejemplo: Le compramos una corbata, un saco y un cinto: ¡lo vestimos en la misma tienda!

e. En las cartas personales o de negocios, después del encabezamiento.

Ejemplo: Estimado Rodrigo: Esta carta es para...

5. **Los puntos suspensivos** se emplean:

a. Cuando el autor del texto prefiere sugerir más que declarar su idea.

Ejemplo: Ileana inclinó la cabeza hacia atrás y cerró los ojos...

b. Para reforzar el impacto poético de la expresión escrita.

Ejemplo: «Yo me daré la muerte, y aun si viene / alguno a resistirme... ¿A resistirme?», Garcilaso de la Vega.

c. Para indicar que una enumeración continúa.

Ejemplo: En el refrigerador tenemos leche, queso, flan, helado, frutas...

d. Al comienzo o al final de una cita textual que no se reproduce en su totalidad.

Ejemplo: Como escribe X., «...el gobierno tiene una responsabilidad colectiva». «En noviembre del año 1785, la armada inglesa se alejaba de las costas francesas...»

6. **El paréntesis** se emplea:

   a. Para explicar el significado de una palabra extranjera en el texto.

   Ejemplo: El problema con ese señor es que es un *miser* (tacaño).

   b. Para completar la idea del texto con datos exactos, como fechas, páginas, etimologías, etc.

   Ejemplo: Es una obra de la escritora española Fernán Caballero (1796–1877).

   Aparece en la obra citada de Martí (página 456).

   Porque el término «ley» (*lex* en latín) se usó primero en Castilla.

   c. Para presentar información que redondea la idea pero que no es imprescindible.

   Ejemplo: Anita rechazó la propuesta airadamente (por cierto de manera muy vulgar) antes de retirarse.

7. **Las comillas** (" ") y las comillas angulares (« ») se emplean:

   a. Para introducir en el texto palabras de origen extranjero, términos cuyo status lingüístico no podemos precisar, o vocablos que conllevan una intención irónica.

   Ejemplos: No se preocupe, él no es más que un gran «baby» en traje y corbata.

   El "toilete" está cerrado.

   Los «catedráticos» del buen vivir...

   b. Para intercalar una frase o texto de fuente ajena en el escrito.

   Ejemplo: El activista lo expresó con claridad: «No negociaremos».

   c. Para destacar la presencia de títulos de obras de arte, cuentos, películas, poesías, ensayos, etc. en el texto.

   Ejemplos: Octavio Paz (México, 1914–1998) es el autor de "Piedra de Sol".

   "Un día de estos" es un cuento de Gabriel García Márquez.

8. **El guión** se emplea:

   a. En las palabras compuestas, como *socio-económico*.

   b. Al final del renglón, para separar una palabra en sílabas, según corresponda.

   c. Para separar los años de nacimiento y muerte, o los años que se ejerce un cargo, el ejercicio profesional o político, etc.

   Ejemplo: El activista chicano César Chávez (1927–1993) encabezó el sindicato *United Farm Workers of America* durante la turbulenta década de 1970.

9. **La raya** se emplea:

    a. En lugar del paréntesis, por preferencia, o para dar variedad al texto.
        Ejemplo: Nuestro grupito —Armando, Juan y yo— era muy unido.
        Íbamos juntos a todas partes.

    b. En las obras de ficción para indicar el diálogo de los personajes.
        Ejemplo: —Te lo dije ayer y no me escuchaste— afirmó Teresa.
                 —Lo sé y lo siento— reconoció su hermano.

        Nota: En español el punto o la coma se colocan <u>fuera de las comillas</u>, a diferencia del inglés.

        Ejemplo: «La rosa pálida del atardecer», por ejemplo, es una imagen poética.

        Dijo: "Concluyamos". Y se marchó.

Práctica

En el siguiente texto se ha suprimido casi toda la puntuación. Añada los acentos y signos de puntuación que sean apropiados. Busque en un diccionario el significado de las palabras que no conozca.

La madre se acerco a la cuna del bebe y le arreglo las ropitas para que no tuviera frio. Ultimamente las noches se estaban volviendo mas y mas frias porque el invierno habia llegado este año con mas violencia que nunca En ese momento de la noche era cuando Manuela extrañaba mas a su Jose tan lejos ahora de la cabañita y de la familia

    Hacia cinco meses que el se habia marchado para ganarse algun dinero en el norte. Una comadre le dijo una mañana que Jose habia cruzado la frontera con exito en compañia de varios amigos del pueblo. La madre de Jose se lo imaginaba alla en el otro pais en un ambiente nuevo quizas pensando en su tierra en ese mismo instante en su niño en su mujer y en su madre. Cuando regresara?

    Manuela suspiro y se dijo que debia tener esperanzas. Jose volveria un dia de estos con algun dinerito para arreglar la casa para comprar una vaca Tal vez alcanzaria para que ella escogiera un bonito vestido en la plaza de la aldea y le comprara unas botitas al bebe. Suspiro otra vez y se fue a acostar. Mañana sera otro dia se dijo. Se durmio tranquila llena de esperanzas.

II. Gramática

A. Género de los sustantivos

En español, todos los **sustantivos** (*nouns*) son masculinos o femeninos. La mayoría de los que terminan en *o* son **masculinos**; los que terminan en *a* son **femeninos**. La división por género es una clasificación arbitraria, y a pesar de las normas establecidas para identificar el género de una palabra, se lo debe memorizar. El diccionario es la mejor fuente para determinar en caso de duda el género de una palabra. De todas maneras, es práctico repasar algunos patrones y reglas generales.

1. Los sustantivos que terminan en *e* son generalmente **masculinos**:

   el viaje   el mensaje   el nombre

   Son femeninos sin embargo:

   la gente   la noche   la tarde   la nube

   la muerte   la nieve   la llave   la carne

2. Son **femeninos** los sustantivos que terminan en *-ción, -sión, d* y *z*:

   la construcción   la inflación   la expresión

   la nación   la libertad   la salud

   la virtud   la amistad   la pared

   la actriz   la vejez   la rapidez

   Son masculinos sin embargo:

   el ataúd   el césped   el alud

   el avión   el camión   el lápiz

3. Son **masculinos** ciertos sustantivos terminados en *a*, muchos de los cuales provienen del griego:

   el clima   el programa   el idioma

   el problema   el tema   el drama

   el crucigrama   el sistema   el dilema

   el día   el sofá   el tranvía

4. El artículo definido masculino (**el**) se usa delante de los sustantivos femeninos que comienzan con una *a* **tónica** (acentuada) para facilitar la pronunciación. Eso sucede sólo en el singular, en el plural se usa el artículo femenino correspondiente (las), ya que la pronunciación no presenta problemas.

   el águila   **el a**gua   **el a**lma   **el a**rma

   el área   **el ha**da   **el ha**cha   **el a**ma de llaves

   las águil**as** **las** had**as** **las** alm**as** **las** arm**as**

5. Ciertos sustantivos (animados y humanos) tienen en el idioma un único término para el masculino y el femenino. El género se distingue por el artículo que los precede.

   el/la estudiante   el/la patriota   el/la suicida

   el/la turista   el/la atleta   el/la testigo

   el/la accionista   el/la lingüista   el/la dentista

6. En el caso de algunas profesiones y ocupaciones existe una tendencia moderna a expresar el femenino de aquellas que antiguamente eran exclusivas del masculino. Sin embargo, se puede usar de las dos maneras: Ella es médico / Ella es médica; Ella es abogado / Ella es abogada.

   el médico - la médica   el abogado - la abogada

   el presidente - la presidenta el gerente - la gerenta

   el diputado - la diputada   el ministro - la ministra

   el juez - la jueza   el biólogo - la bióloga

7. Algunos sustantivos se utilizan indistintamente como masculinos o femeninos (género ambiguo), según el área lingüística o la tradición literaria de una región:

    el o la azúcar   el o la mar   el o la calor

    el o la puente   el o la sartén

8. Sustantivos llamados «epicenos» son aquellos cuyo sentido semántico no corresponde a su apariencia textual. Por ejemplo: «la víctima» puede referirse tanto a un hombre como a una mujer; Alejandro es una bella persona; Raúl es la pareja de Alina, etc. Para distinguir el sexo de ciertos animales se añade al sustantivo el adjetivo «macho» o «hembra».

    el elefante hembra - el elefante macho

    la ballena macho - la ballena hembra

9. Existen en el idioma algunos sustantivos con más de un significado; su género se determina por el contexto:

    el capital - la capital   el corte - la corte

    el policía - la policía   el Papa - la papa

    el orden - la orden   el guía - la guía

10. Algunos sustantivos tienen una forma especial según su género:

    el actor - la actriz   el emperador - la emperatriz

    el héroe - la heroína   el barón - la baronesa

    el poeta - la poetisa

Hoy día se escucha también: «Ella es poeta» o «Ella es un héroe», probablemente por la influencia del feminismo sobre el idioma.

Práctica

Traduzca al español las siguientes oraciones:

1. *Frida Kahlo is a very famous Mexican artist.*

_____

2. *Juan Carlos loves potatoes.*

_____

3. *In Greek drama the characters must show passion.*

_____

4. *I have a friend who is a police officer, but I have never had to call the police.*

_____

5. *The witness testifying today is Mrs. González.*

_____

III. Vocabulario

 A. Los préstamos del inglés

Existen palabras en español que son adoptadas y adaptadas de otros idiomas. Aunque a veces estas palabras mantienen la misma ortografía del idioma original, otras veces se «hispanizan». Por ejemplo: el término *club*, que procede del inglés, se escribe en español de la misma forma, aunque no se pronuncia de la misma manera; en el término *ballet*, adoptado del francés, no se pronuncian ni la doble *l* ni la *t*, sino que se respeta la pronunciación francesa original (*balé*). Los siguientes vocablos son ejemplos de adaptaciones del inglés que ya se han aceptado y se encuentran en los diccionarios. Lea la lista individualmente o con un(a) compañero(a). Trate(n) de dar ejemplos en los que usen esas palabras.

Inglés	Vocablo usado y ya aceptado en español como:
standard	estándar
cocktail	coctel
boycott	boicot
slogan	eslogan
sweater	suéter
film	filme
gangster	gángster
whiskey	whisky o güisqui
ticket	tique
shampoo	champú

Cuando las lenguas están en contacto entre sí es normal y natural que se produzca un cambio de códigos, una mezcla de idiomas. A veces se usa una palabra o una frase entera en inglés, se adaptan términos y se inventan vocablos. Esto sucede incluso en los círculos más educados y refinados. Sin embargo, aprender las formas que se consideran estándar o normativas no sólo ayuda a expandir el vocabulario y el poder de comunicación, sino que facilita el vínculo lingüístico con las personas que no dominan el inglés y abre las puertas a un mayor entendimiento y comprensión.

Algunos préstamos del inglés ya han sido aceptados oficialmente por la Real Academia de la Lengua Española, el organismo semioficial que regula el uso del español (por ejemplo: *stress* se convirtió oficialmente en **estrés**). Pero no todas las palabras derivadas del inglés pasan a formar parte del español llamado estándar. Hay palabras que son más aceptadas que otras y es común escucharlas o verlas en público. En España, por ejemplo, se anuncian con la palabra *parking* los sitios de estacionamiento y a un bar muchas veces le llaman *pub*.

B. Los sustantivos «prestados»

Lea con un(a) compañero(a) o en un grupo de tres o cuatro estudiantes la tabla de la siguiente página. Mientras hacen la lectura tengan en cuenta lo siguiente:

- ¿Qué **préstamos** o **calcos** usa usted?
- ¿Qué expresiones en español normativo se necesita tener en cuenta?
- ¿Qué **préstamos** (anglicismos) se escuchan y se usan en su comunidad?
- ¿Cómo se expresa lo mismo en un español considerado estándar o global?
- ¿Qué es estándar? ¿Qué no lo es? ¿Quiénes lo deciden? ¿Por qué?
- ¿Cómo se convierte una palabra en estándar?
- ¿Cree que es importante conocer las diferentes variantes de un idioma (el argot, el estándar, los coloquialismos, los neologismos, los anglicismos, los regionalismos, etc.)? Explique.
- ¿Por qué razones algunas variedades son estigmatizadas y otras no?

¿Qué le parece este anuncio? ¿Cree que es apropiado el uso del inglés?

Por ejemplo, a pesar del amplio uso de la palabra *subway* entre los hispanos de los Estados Unidos, esta no ha sido aceptada por la Academia. Esto se debe en gran parte a que su equivalente en español (**metro**) se usa ampliamente en países hispanoparlantes como México y España. Sin embargo, la palabra **monorraíl** (del inglés *monorail*) ya forma parte del diccionario de la Real Academia Española. ¿Qué palabra usa usted para referirse al sistema de transporte de su ciudad?

En la columna de la izquierda de la siguiente tabla, fíjese en el uso de los anglicismos que se escuchan en comunidades bilingües de los Estados Unidos. Estudie la tercera columna y busque en un diccionario el significado de las palabras que aparecen en negrita en la primera columna (aplicación, argumento, audiencia, etc.).

Calcos o préstamos del inglés que no pertenecen al español estándar

Calcos o préstamos del inglés que no pertenecen al español estándar	Inglés	Español
ambasador	*ambassador*	embajador
aplicación[1]	*application*	planilla, formulario
apoinmen	*appointment*	cita, un turno
apología	*apology*	excusa, disculpa
argumento	*argument*	discusión, pelea
bil	*bill*	cuenta
bíper	*beeper*	buscador electrónico
boul	*bowl*	plato hondo, fuente
brecas	*brakes*	frenos
breik	*break*	receso
braun	*brown*	marrón, carmelita
bronche	*brunch*	desayuno-almuerzo
carpeta	*corpet*	alfombra
carta	*card*	tarjeta
cash	*cash*	al contado
confidencia	*confidence*	confianza, fe
Crismas	*Christmas*	la Navidad
conteiner	*container*	recipiente, envase
cuora	*quarter*	moneda de 25 centavas
espíquer	*speaker*	altavoz o bocina; conferencista o locutor
estocks	*stocks*	acciones
friser	*freezer*	congelador
ganga	*gang*	pandilla
grados	*grades*	notas, calificaciones
groserías	*groceries*	víveres, comida
¡unk o yonque	*junk*	basura, desperdicio
jaiescul	*high school*	secundaria
jobi	*hobby*	pasatiempo
ingeniero	*engineer* [train engineer]	maquinista
laundri o londri	*laundry*	lavandería

[1] Si bien los sustantivos en **negritas** (*bold*) en la columna de calcos y préstamos del inglés son palabras españolas con otro uso estándar, se usan con diferente significado en comunidades bilingües. Búsquelas en un diccionario para repasar su significado estándar en español.

lectura	*lecture*	conferencia, charla
librería	*library*	biblioteca
lipstic	*lipstick*	pintura de labios
liqueo	*leak*	un salidero/escape de agua, aire, gas
lonche	*lunch*	almuerzo
magasín	*magazine*	revista
mapo	*mop*	trapo, frazada, colcha
méyor	*major*	especialización
mánacher	*manager*	gerente; encargado
marcas	*marks*	notas/calificaciones
marqueta	*market*	mercado; bodega
mofler	*muffler*	amortiguador
níquel	*nickel*	moneda de cinco centavos
norsa	*nurse*	enfermera/enfermero
oficial	*officer*	funcionario
oficina	*doctor's office*	consultorio consulta de médico
parientes	*parents*	padres
parqueo/parking	*parking*	estacionamiento
peni	*penny*	moneda de un centavo
performans	*performance*	actuación
póliza	*policy*	política
populación	*population*	población
principal	*principal*	director(a) de una escuela
printer	*printer*	impresora
registración	*registration*	matrícula
risor	*resort*	lugar turístico de vacaciones
rula	*ruler*	regla
escor	*score*	calificación, puntaje
estarer	*starter*	motor de arranque
sais	*size*	talla, tamaño
subjeto/sujeto	*subject*	asignatura, materia
suiche	*switch*	interruptor
suceso	*success*	éxito
tenientes	*tenants*	inquilinos
troca	*truck*	camión
vacun clíner	*vacuum cleaner*	aspiradora
yarda	*yard*	patio

Comparta(n) con la clase las observaciones que ha(n) hecho al leer la lista **Préstamos del inglés**. Luego comente(n) los temas siguientes:

- ¿Cómo se decide y quién decide las palabras y expresiones que se aceptan en la lengua?

- ¿Por qué es conveniente tener dominio del llamado estándar de la lengua?

- ¿Por qué es conveniente también estar familiarizado(a) con las variantes que se escuchan en comunidades bilingües?

Práctica

1. Diana, una estudiante de El Paso, le escribe un correo electrónico a una amiga chilena que no sabe inglés. Cambie los préstamos o calcos que encuentre por equivalentes en español estándar para que su amiga entienda la carta con más facilidad. Haga todos los cambios necesarios.

Subj: Hello
Date: 08/14/2012 1:17:39 pm Eastern Standard Time
From: Diana@someplace.net
To: M_Luisa@another-place.com

Querida María Luisa:

¿Qué te cuento? Encontré un apartamento cerca de la universidad. Estoy a sólo unos seis bloques. ¿Te imaginas lo conveniente que es vivir tan cerca y no tener que vivir en los dormitorios? Es ideal. Casi todos los tenientes que viven en el bilding son estudiantes, pero estudiantes estudiosos, que no hacen ruido. Durante la semana de registración conocí a un chico de Mérida que se llama Pablo Reyes. Estudia ingeniería y maneja una troca roja del 56.

El sábado Pablo vino a ayudar a Felipe (el mánacher del bilding) a cortar la yarda. Comenzamos a hablar y resulta que estamos en la misma clase de biología —y ni nos habíamos visto. Para mí la biología, mi mayor, es uno de mis sujetos favoritos, pero para él no. Ya te contaré más después que lo conozca mejor. Mañana vamos a un bronche y después (si conseguimos tiquetas) iremos a ver una actuación de *Culture Clash*. ¿Los has visto alguna vez? Bueno, te escribo más, mañana o pasado.

Hasta la próxima,
Diana

---

2. Escriba en inglés el significado de cada una de las siguientes palabras sin consultar el diccionario. Busque después el significado en un diccionario monolingüe español. Haga un círculo alrededor del significado que usted escribió si es correcto. Si no, escriba el significado correcto en el espacio de abajo y tache el significado equivocado. No es necesario que usted suprima de su vocabulario personal las palabras tachadas, pero debe añadir a su vocabulario el significado estándar de estas palabras.

bloque	yarda	ganga
~~city block~~	_____	_____
block-cement	_____	_____

audiencia	aplicación	grado
_____	_____	_____
_____	_____	_____

grosería	lectura	oficial
_____	_____	_____
_____	_____	_____

sujeto	argumento	apología
_____	_____	_____
_____	_____	_____

confidencia	ingeniero	registración
_____	_____	_____
_____	_____	_____

oficina	póliza	suceso
_____	_____	_____
_____	_____	_____

3. Escriba una oración con cada una de las ocho palabras que le hayan causado más dificultad.

a. _____

b. _____

c. _____

d. _____

e. _____

f. _____

g. _____

h. _____

Nuevos mundos Cuaderno   © 2012 John Wiley & Sons, Inc.

IV. Exploración y comunicación

1. Escoja uno de los sitios de la red recomendados en los capítulos 1 y 2 (www.wiley.com/college/roca) de su libro de texto.

2. Identifique el sitio que ha escogido. Escriba su dirección y su nombre.

3. Haga una lista en español de tres o cuatro de los recursos y la información que pudo hallar en español o en inglés.

4. Explique si fue fácil explorar este sitio o no, y por qué.

5. Describa para qué sería útil el sitio.

6. Intercambie la información obtenida con el resto de la clase.

V. Para terminar

Escriba ahora en una hoja aparte un párrafo sobre la cita de la profesora Guadalupe Valdés al comienzo del capítulo o comparta sus ideas sobre la misma con un(a) compañero(a) o un grupo de tres o cuatro estudiantes.

Capítulo 3

Los puertorriqueños

Lea esta cita y piense en ella mientras trabaja en este capítulo. ¿Cómo puede relacionar las ideas de la cita con su propia experiencia? Al terminar el capítulo escriba un breve párrafo sobre el tema o comparta sus ideas con sus compañeros de clase.

Algunos creemos que los estudios lingüísticos del habla de un pueblo deberían contribuir no sólo a la mayor comprensión y aceptación de las formas verbales empleadas por el grupo, sino también a la mayor comprensión y aceptación del grupo.[1]

— Ana Celia Zentella, conocida lingüista, profesora de Hunter College

---

[1]Zentella. Ana Celia. *El impacto de la realidad socio-económica en las comunidades hispanoparlantes de los Estados Unidos: Reto a ta teoría y metodología lingüística.* En Bergen, John J., editor. *Spanish in the United States: Sociolinguistic Issues.* Washington, D.C.: Georgetown University Press, 1990, p. 162.

I. Ortografía

A. La acentuación (Segunda parte)

1. El acento diacrítico en las palabras monosilábicas

Como vimos en el Capítulo 2, en la sección de Ortografía 2.c (p. 22) el acento diacrítico se usa para distinguir palabras que se escriben de la misma forma que otras, pero tienen diferente sentido y función gramatical.

Aunque las palabras monosilábicas (como, por ejemplo: **fue**, **fui**, **ti**, **ves**, **vi**) no requieren tilde, se usa el **acento diacrítico** sólo para distinguir entre dos palabras escritas de la misma forma pero con diferente significado. La Real Academia de la Lengua Española es quien asigna la tilde a uno de los dos términos para diferenciarlos.

Lea individualmente o con un(a) compañero(a) la siguiente tabla. Agregue(n) sus propios ejemplos.

Uso del acento diacrítico

Palabra	Función	Inglés	Ejemplo
de	preposición	of, from	San Juan es la capital **de** la isla.
dé	del verbo **dar**	give	**Dé** una dónación, por favor.
el	art. definido	the	**El** tema del artículo no me atrae.
él	pron. personal	he	**Él** se enoja si se le interrumpe.
mas	conjunción (pero)	but	Quisiera ir, **mas** no puedo.
más	adverbio	more	Pagaremos **más** impuestos ahora.
mi	pron. posesivo	my	**Mi** familia es de origen boricua.
	nombre de la nota musical	C	Do, re, **mi**, fa, so, la, si...
mí	variante pron.	me	Compraron el boleto para **mí**.
se	reflexivo	self	**Se** vistió con mucho cuidado.
sé	1ra. pers. sing. del verbo **saber**,	I know	**Sé** que iremos hoy a la piscina.
	imper. del verbo **ser**	be	**Sé** más paciente.
si	conj. condicional	if	**Si** vas a Bayamón, avísame.
sí	adv. afirmativo,	yes	**Sí**, me encanta Puerto Rico.
	variante pron. reflexivo	himself/ herself	Lo hizo por **sí** mismo.
te	letra del abecedario,	t	No existe la doble **te** en español.
	variante pron.	to you	**Te** voy a regalar un diccionario.
té	sustantivo (infusión)	tea	Me gusta menos el **té** que el café.
tu	pron. posesivo	your	**Tu** primo viaja mucho a la isla.
tú	pron. personal	you	**Tú** deberías visitar Ponce.

2. **El acento diacrítico en las palabras interrogativas y exclamativas**

El acento diacrítico sirve para distinguir las palabras interrogativas o exclamativas (de forma directa o indirecta) de los pronombres relativos y los adverbios.

Ejemplos:

a. En expresiones de interrogación, duda y exclamación

> ¿**Dónde** está el monumento de Ponce de León? (interrogación)
>
> No sé **dónde** está el monumento a Ponce de León. (duda)
>
> ¡**Qué** bello es el monumento a Ponce de León! (exclamación)

b. En preguntas indirectas

> No sé **cómo** se le ocurrió tan mala idea, ni **qué** es lo que busca en Bayamón.
>
> No me acuerdo **dónde** se me perdieron las llaves.
>
> No me imagino **cuánto** costará un sofá en una tienda tan cara.

Lea individualmente o con un compañero los ejemplos siguientes. Compare(n) las palabras que llevan tilde y las que no. Luego agregue(n) sus propios ejemplos.

—¿**Quién** tocó la puerta?	—Era Sylvia, **quien** tenía mucha prisa.
—¿**Quiénes** llegaron tarde?	—Fueron ellos **quienes** llegaron tarde.
—¿**Qué** quiere beber él?	—Quiere beber lo **que** le den.
—¿**Cómo** se llama?	—**Como** le pusieron sus padres.
—¿**Cuál** de estos prefiere?	—Ese sabor, el **cual** ya probé ayer.
—¿**Cuándo** vamos a salir?	—**Cuando** papá esté liso.
—¿**Cuánto** cuesta la entrada?	—**Cuanto** puedes pagar.
—¿**Cuán** lejos queda el río?	—Está a un kilómetro.
—¿**Dónde** es la reunión?	—**Donde** fue la semana pasada.
—¿**Adónde** se dirige el jefe?	—**Adonde** le dijeron que fuera.

3. **Otros casos del uso del acento**

a. Los adverbios que terminan en **-mente** llevan la tilde sólo si los adjetivos de los cuales provienen también la llevan.

adjetivo	adverbio
fácil	fácilmente
difícil	difícilmente
rápido	rápidamente
asiduo	asiduamente
bello	bellamente
lento	lentamente

b. Aún lleva tilde cuando significa **todavía** (*still, yet*), pero no la lleva cuando denota **hasta** o **incluso** (*even*):

Aún [todavía] no ha podido decidir qué hacer.

No, ni **aun** [hasta] después de la guerra nos dejaron en paz.

Aun [incluso] el vecino más pobre logró encontrar empleo.

c. • **Porque** (*because*) es una conjunción causal que introduce una explicación.

Felicia fue a estudiar **porque** desea aprobar el examen.

• **¿Por qué?** (*why*) se usa en forma interrogativa.

¿Por qué te empeñas en buscar una solución a esto?

• **Porqué** (*the reason*) es un sustantivo común que requiere el artículo y puede hallarse precedido de calificativos.

Nunca entenderemos el **porqué** de la tragedia del presidente y su familia.

Los complicados **porqués** que nos das no son muy lógicos.

• **Por qué** (*the cause by which*) expresa un sentido de sorpresa o duda.
No me explico **por qué** se marchó a Nueva York ayer.

d. Cuando una palabra compuesta se escribe sin usar guión, la tilde se coloca si es necesario en la última parte del vocablo compuesto: decimoséptimo (si décimo fuera escrito aparte, tendría el acento en la letra e).

e. Si las palabras compuestas se escriben con guión, conservan el acento si así lo requieren: Antonio es un conocido físico-químico de la Universidad de Puerto Rico en Río Piedras.

Práctica

1. De las dos palabras entre paréntesis, marque con un círculo la palabra apropriada.

a. (Se / Sé) me hizo la boca agua al ver el arroz con gandules que cocinó mi vecina.

b. Yo (se / sé) que a su madre le encantan los hombres guapos.

c. ¿(Cuál / Cual) es su opinión sobre los recortes que hizo el gobierno?

d. Oscar viaja mucho a San Juan, lo (cual / cuál) me encanta; a veces lo acompaño.

e. Compramos (te / té) sin cafeína, porque la cafeína me causa insomnio.

f. Luisa (te / té) lo advirtió con tiempo, pero no le hiciste el menor caso.

g. Alicia le dirá que (si / sí), (si / sí) él acepta ciertas condiciones.

h. ¿(Qué / Que) hará José al concluir sus estudios universitarios en Río Piedras?

i. (El / Él) está bien conservado a pesar de que ya tiene (más / mas) de ochenta años.

j. Alberto no confía en (mi / mí) porque dice que no tengo palabra y que lo dejé plantado anoche. No fue (mi / mí) culpa que no pude asistir a la cita.

k. Tenemos (mas / más) dinero en el banco, (mas / más) no lo usaré por ahora.

l. ¿El regalo es para ti o para (mi / mí)? ¿Lo abrimos?

m. Es mejor que usted no le (de / dé) crédito hasta que tenga trabajo.

n. Por favor, (se / sé) paciente con tu abuelito; mira que (se / sé) cayó ayer.

o. Francisco aprendió a tocar la guitarra y cantar plenas por (si / sí) mismo.

p. El (porque / porqué) de lo que ocurrió aquel día no lo sabremos nunca.

q. ¿(Porque / Por qué) no nos vamos a poder enterar? ¿Es (porque / porqué) Felipe no quiere perjudicar a su familia?

r. ¡(Qué / Que) lindas son las playas de Puerto Rico! Es (que / qué) por algo le dicen la «Isla del encanto».

2. Coloque la tilde en las palabras subrayadas cuando sea necesario.

a. El mensajero <u>que</u> vino anoche preguntó por <u>ti</u>, no por <u>mi</u>.

b. ¿Quieres que <u>te</u> prepare un <u>te</u> caliente?

c. Necesito que usted me <u>de</u> una explicación acerca <u>de</u> lo ocurrido anoche.

d. <u>Mi</u> abuelo dejó una pequeña fortuna para <u>mi</u>, pero el gobierno se la confiscó.

e. ¿<u>Tu</u> irás directo de la oficina a <u>tu</u> casa, o irás primero al café con <u>el</u>?

f. ¡No sabes <u>cuanto</u> <u>te</u> echo de menos, Joaquín!

g. <u>Me</u> pregunto <u>donde</u> estará <u>mi</u> novio a estas horas. ¡<u>Quien</u> sabe!

h. El <u>porque</u> de su cambio de opinión no lo sabremos <u>porque</u> Pablo es muy reservado. ¿Y <u>por que</u> no?

3. Conteste las siguientes preguntas para repasar todo lo aprendido sobre acentuación.

a. ¿En qué sílaba recae la mayor fuerza de voz en las palabras agudas?

_____

b. ¿Cuándo se acentúan las agudas? Dé tres ejemplos.

_____

_____

_____

c. ¿En qué sílaba recae la mayor fuerza de voz en las palabras llanas?

_____

d. ¿Cuándo se acentúan las palabras llanas? Dé tres ejemplos.

_____

_____

_____

e. ¿Dónde recae la fuerza de la pronunciación en una palabra esdrújula?

_____

_____

f. ¿Cuándo se les pone la tilde a las palabras esdrújulas y sobreesdrújulas? Dé tres ejemplos de cada caso.

_____

_____

 Nuevos mundos Cuaderno

g. ¿Qué es el acento diacrítico y por qué es necesario usarlo? Escriba dos o tres oraciones con un ejemplo del uso del acento diacrítico en cada oración.

_____

_____

h. Según la Real Academia de la Lengua Española, ¿se debe escribir la tilde sobre una letra mayúscula? ¿Qué ocurre a menudo en la práctica?

_____

_____

 B. El uso de la b y la v

Los problemas de ortografía relacionados al uso de la *b* y la *v*, no se limitan a los estudiantes bilingües. Es un problema general en la ortografía española ya que el español usa dos **grafemas** o letras {*b* y *v*} para un sólo **fonema** (sonido), el de la /**b**/. En inglés es fácil notar la diferencia entre la pronunciación de *Victor* y *boy*, por ejemplo, y esto facilita la escritura de estas palabras. En español, aun hablantes monolingües tienen dudas y dificultades en el uso de la *b* o la *v*.

Como usted ya vio en el Capítulo 1, existen muchas reglas que se pueden estudiar, pero no es fácil recordarlas todas. Por medio de la práctica y sobre todo de la lectura se puede llegar a determinar si se debe usar la *b* o la *v*.

Se incluyen a continuación algunas normas sobre el uso de la *b* y la *v*. Lea la siguiente tabla individualmente o con un(a) compañero(a). Trate(n) de agregar sus propios ejemplos a los presentados.

El uso de la *b* y la *v*

La *b* se usa:

- Después de la **m**: ca**mb**io, a**mb**iente, a**mb**idiestro, a**mb**os, e**mb**ustero.
- Antes de la **u**: a**bu**sivo, **bu**jía, **bu**sto, a**bu**elo, **bu**rgués, auto**bú**s.
- Antes de una **consonante**: o**b**servatorio, ha**b**lar, o**b**vio, a**b**rumar.
- En los verbos terminados en **-bir**, **-buir** y **-aber**, excepto en hervir, servir y vivir: reci**bir**, contri**buir**, ha**ber**, sa**ber**.

La *v* se usa:

• En los verbos terminados en **-evar**, **-ervar**, **-olver**, **-over**.	Ejemplos: promo**ver**, vol**ver**, ne**var**, preser**var**. Excepciones: exacerbar[1] y deshebrar[2]
• En las palabras que comienzan con **ad-**, **de-**, **di-**, **le-**, **pre-**, **pri-**, **vir-**.	Ejemplos: ad**v**erbio, di**v**ersión, le**v**antar, **v**irus, de**v**oción, pre**v**io, pri**v**ado, **v**irtud Excepciones: dibujo, disturbio, deber, problema, probar
• En los siguientes verbos en todas sus formas: **servir**, **vivir**, **hervir**, **atreverse**, **ver** y **precaver**.	Ejemplos: her**v**í, ser**v**ía, preca**v**ió, nos atre**v**imos, vi**v**ía
• En las palabras que comienzan con **eva-**, **eve-**, **evi-**, **evo-**.	Ejemplos: e**v**acuar, e**v**ento, e**v**idente, e**v**olución
• Después de la letra **n**	Ejemplos: in**v**ierno, con**v**ersación, en**v**idia, con**v**ento, in**v**asión, con**v**enio
• En la mayor parte de las palabras que comienzan con: **na-**, **ne-**, **ni-** y **no-**.	Ejemplos: na**v**egar, ne**v**ada, ni**v**el, no**v**ela Excepciones: noble y sus derivados
• En las palabras que comienzan con **pa-** y **pol-**.	Ejemplos: pa**v**o, pol**v**o, pa**v**imento Excepciones: pabellón, pabilo
• En las palabras que comienzan con **sal-**, **se-**, **sel-**, **ser-**, **sil-**, **sol-**.	Ejemplos: sal**v**avidas, sel**v**a, se**r**eno, Sil**v**ia, sil**v**estre, sol**v**ente Excepciones: silbar, Sebastián, sebo
• En las palabras que comienzan con **vice-** y **villa-**.	Ejemplos: **v**icecanciller, **v**illa, nivel, **V**icente Excepciones: bíceps, billar

[1] exacerbar – enojar.   [2] deshebrar – deshilar una tela, sacarle los hilos.

Recuerde:

- Hay en español más palabras que se escriben con *b* que con *v*.
- Hay muchos cognados del inglés que se escriben con *b* en ambos idiomas.

Práctica

1. Escriba una *b* o una *v* en los espacios en blanco. Cuando tenga dudas, consulte el diccionario.

    a. Sony quiere promo__er un disco de un nue__o cantante puertorriqueño.

    b. Una persona preca__ida __ale por dos, ¿__erdad?

c. Para sacar un cla__o hace falta otro. ¿Había oído esa expresión antes?

d. Yo no sé di__ujar tan __ien como tú, pero sé tocar las cla__es.

e. El go__ernador toda__ía no ha __uelto de su __iaje a La Ha__ana.

f. Es e__idente que él no tu__o la culpa de que el re__ólver se disparara al caer.

g. El__icecónsul es parte de la no__leza española. ¿Lo sa__ía?

h. __ale más preca__er que tener que lamentar.

i. Cuando __uel__a a la isla, escri__iré una no__ela sobre mi experiencia en Nue__a York.

j. El __ar__ero siempre afila__a la na__aja antes de afeitar al cliente, pero tenía un pro__lema: acostum__ra tomar __arias cer__ezas antes de tra__ajar y luego le tiem__la la mano. Por eso no __oy a afeitarme nunca más allí.

2. **a.** Escriba el equivalente en español de las palabras siguientes. Fíjese en las diferencias en cuanto al uso de la *b* y la *v*.

1. *poverty* _____

2. *government* _____

3. *automobile* _____

4. *governor* _____

5. *approved* _____

6. *pavillion* _____

7. *perceive* _____

8. *fever* _____

9. *cover* _____

10. *receive* _____

11. *to be in vogue* _____

12. *vulture* _____

13. *Basque* _____

14. *bovine* _____

15. *bandage* _____

b. ¿Qué diferencias ha observado entre el inglés y el español en el uso de la *b* y la *v*, en las palabras anteriores? ¿Le parece que hay un patrón en las palabras anteriores? ¿Cuál es?

_____

_____

_____

_____

 ## C. Homófonos con la b y la v

Los **homófonos** son palabras que tienen distinto significado, pero que se pronuncian de la misma forma como **barón** (*baron*) y **varón** (*male*). Lea la tabla de homófonos con *b* y *v* individualmente o con un(a) compañero(a). Trate(n) de encontrar oraciones para usar como ejemplo. Después puede(n) compartir sus ejemplos con la clase.

Homófonos con la *b* y la *v*

bacilo	microbio del grupo de las bacterias (*bacillus*)
vacilo	del verbo vacilar (*I hesitate*)
bario	metal blanco amarillento (*barium*)
vario	diverso o diferente (*varied*)
barón	título de nobleza (*baron*)
varón	persona del sexo masculino (*male person*)
basto	grosero, tosco (*coarse*)
vasto	extenso, amplio (*vast*)
bazo	una víscera (*the spleen*)
vaso	pieza que sirve para beber (*glass*)
bello	que tiene belleza (*beautiful*)
vello	pelo corto y suave (*down; hair*)
bienes	riqueza material, posesiones (*goods, wealth*)
vienes	del verbo venir (*you come*)
bobina	carrete (*spool*)
bovina	perteneciente al toro o a la vaca (*bovine*)
botar	lanzar o tirar algo; echar a alguien de un trabajo (*to throw, to throw away; to dismiss*)
votar	emitir un voto (*to vote*)
cavo	del verbo cavar (*I dig*)
cabo	punta de tierra que avanza sobre el mar; extremo (*cape; end*)
combino	del verbo combinar (*I combine*)
convino	del verbo convenir (*she convened a meeting*)
grabar	registrar sonidos para reproducirlos (*to record; to engrave*)
gravar	cargar, imponer (*to tax*)

haber	el verbo haber (*to make, to do*)
a ver	preposición y verbo ver (*let's see*)
rebelar	alzarse contra la autoridad (*to rebel*)
revelar	mostrar, descubrir (*to reveal*)
tubo	pieza cilíndrica hueca (*tube*)
tuvo	del verbo tener (*he had*)

Práctica

1. Escoja cinco de las palabras anteriores y escriba una oración con cada una de ellas.

   • _____

   • _____

   • _____

   • _____

   • _____

2. Halle un homófono que equivalga a la(s) palabra(s) subrayada(s), y reescriba una oración con el mismo. Haga los cambios apropiados. Use un diccionario si le parece necesario.

   Ejemplo: El estado <u>exige el pago</u> de impuestos por parte de los ciudadanos.

   El estado ***grava*** a los ciudadanos con los impuestos.

   a. <u>Hago un hueco</u> en la tierra para sembrar una mata de mango.

   b. Mañana hay elecciones y todos debemos <u>emitir un voto</u> para <u>echar</u> de sus puestos a los políticos corruptos.

   c. Este cuadro de Ramón Frade es <u>muy bonito</u> y va bien con la decoración.

   d. <u>Tengo dudas</u> en cuanto a la conveniencia de ir a la fiesta.

   e. Los campesinos <u>se levantaron en armas</u> contra el gobierno español.

   f. Los océanos son <u>inmensos</u> y cubren gran parte del planeta.

   g. No quiere <u>echar a la basura</u> todos los recibos viejos, pues tiene miedo de necesitarlos.

   h. Mi abuelita se tuvo que operar de <u>una víscera</u>.

II. Gramática

USO DEL GERUNDIO Y EL INFINITIVO

El **infinitivo** (*infinitive*) expresa la acción del verbo de manera general e indeterminada: **hablar**, **comer**, **dormir**. En español funciona gramaticalmente como un sustantivo masculino: **el hablar**, **el comer**, **el dormir**.

El **gerundio** (*gerund*) es una forma verbal que expresa el desarrollo de la acción del verbo: **hablando**, **comiendo**, **durmiendo**.

En inglés se usa el gerundio (*-ing form of the verb*) en muchos casos cuyo equivalente español es el **infinitivo**, lo que causa problemas en la traducción.

Estudie individualmente o con un(a) compañero(a) los ejemplos siguientes. Luego indique(n) con un círculo la traducción correcta al español.

Ejemplo: Taking that Physics class was a bad idea.

Tomando / Tomar esa clase de Física fue una mala idea.

- *I like watching movies.*
  Me gusta mirando / mirar películas.

- *Working here is a pleasure.*
  Trabajando / Trabajar aquí es un placer.

- *She loves going to the beach.*
  A ella le encanta yendo / ir a la playa.

Práctica

Traduzca las siguientes oraciones al español. Use un diccionario si lo necesita.

1. *Cooking is one of my grandmother's greatest talents.*

_____

2. *Cleaning house is not one of my favorite chores.*

_____

3. *I like listening to the radio in Spanish on the way to the university.*

_____

4. *Eating a lot of fat is bad for the heart.*

_____

Nuevos mundos Cuaderno © 2012 John Wiley & Sons, Inc.

5. *Watching the news in Spanish helps me learn new words.*

_____

6. *He finally got tired of having to lie all the time.*

_____

7. *Still, leaving her was very difficult.*

_____

8. *Living at the university is not as comfortable as living at home.*

_____

9. *Julia realized that buying that used car from her friend was a bad idea.*

_____

10. *Sleeping fewer than five hours a day is very unhealthy.*

_____

11. *Learning to write in Spanish is not as difficult as I thought it would be.*

_____

12. *Loving him isn't always going to be easy.*

_____

III. Vocabulario

A. Los préstamos del inglés (Segunda parte)

Como ya se dijo en el Capítulo 2, el conocimiento de la forma estándar de la lengua es beneficioso, especialmente cuando es necesario comunicarse por escrito con hispanohablantes de otras partes del mundo.

Tanto los hispanohablantes como los estudiantes de español como segunda lengua, deben familiarizarse con las variantes del español que se escuchan en los Estados Unidos. Es, en realidad, una destreza muy práctica en comunidades bilingües que facilita la comunicación oral entre diversos grupos. Para la persona que usa estas variantes, puede formar parte de su herencia cultural y de su identidad lingüística.

Lea con un(a) compañero(a) o en grupo de tres o cuatro estudiantes la tabla que sigue. Mientras hacen la lectura tenga(n) en cuenta lo siguiente:

- De los verbos de la lista, ¿cuáles se utilizan más a menudo en su comunidad? ¿Cuáles menos?

- ¿Puede añadir otros verbos que ha escuchado? ¿Cuáles serían sus variedades en un español considerado estándar?

- ¿Le(s) parece que algunas palabras son más aceptables que otras o no? ¿Por qué?

Préstamos del inglés que no pertenecen al español estándar	Inglés	Español estándar
atachar	*to attach*	**adjuntar**
alocar	*to allocate*	**asignar**
baquiar	*to go back*	**retroceder, regresar**
bilear	*to bill*	**cargar, cobrar**
chusar	*to choose*	**escoger, seleccionar**
caminar el perro	*to walk the dog*	**sacar el perro a pasear**
correctar	*to correct/to grade*	**corregir/calificar**
dropear	*to drop*	**darse de baja, dejar, abandonar una clase**
endorsar un cheque	*to endorse a check*	**endosar un cheque**
espelear	*to spell*	**deletrear**
estar supuesto (a)	*to be supposed (to)*	**suponerse (que)**
esquipearse la clase	*to skip class*	**escaparse de clase**
faxear	*to fax*	**mandar un facsímil**
failear	*to file*	**archivar**
flonquear	*to flunk*	**reprobar (un examen)**
friquearse	*to freak out*	**asustarse, asombrarse**
frisar, frisarse	*to freeze*	**congelar, congelarse**
guachar	*to watch*	**mirar, vigilar**
(no) hacer una diferencia	*(not) to make a difference*	**dar igual**
inspectar	*to inspect*	**inspeccionar**
janguear	*to hang around*	**pasear, pasar el tiempo**
liquear	*to leak*	**gotear**
lonchar	*to have lunch*	**almorzar**
llamar pa' tras	*to call back*	**volver a llamar**
llenar la forma	*to fill out a form*	**llenar una solicitud, planilla, formulario**
llevar pa' tras	*to take back, return*	**devolver, regresar**
manachear	*to manage*	**administrar**
mapear/mopear	*to mop*	**limpiar el piso, trapear**
meilear	*to mail*	**enviar, mandar**

pompear	to pump	**bombear**
printear	to print	**imprimir**
puchar	to push	**empujar**
taipiar	to type	**escribir en computadora**
ranquear	to rank	**clasificar**
submitir	to submit	**someter o entregar algo**

Práctica

1. Comente en clase con sus compañeros los siguientes puntos.
   - ¿Cuáles son sus conclusiones sobre lo que debe o no ser considerado estándar?
   - Si usted debiera proponer a los miembros de la Real Academia Española que aceptaran dos o tres palabras o expresiones de la lista anterior, ¿cuales serían? ¿Cómo justificaría su propuesta?

2. En el siguiente diálogo entre dos empleadas de una agencia de publicidad hay veinte palabras y expresiones que se escuchan en el español del habla popular de los Estados Unidos. Reescríbalo en un español más estándar en una hoja aparte.

   Angelina: ¿Ya taipiaste esta carta, María?

   María: No, todavía no. ¡Ay bendito! Es que tengo que failear y bilear primero a dos clientes antes de irme a lonchar.

   Angelina: Sí, ese es el que está corriendo para alcalde. Yo le trasladé un papel el mes pasado. El hombre no sabía espelear el nombre de nuestra agencia. ¿Te imaginas?

   María: ¿Pero no estaba él supuesto a saberlo ya?

   Angelina: Me faxeó por la mañana un anuncio para la televisión, que ya trasladé, pero falta printearlo. ¿Me lo haces luego a las cuatro, por favor?

   María: ¡Ay! Es que me tienen que inspectar el carro hoy y me tengo que ir más temprano porque está liqueando desde el domingo. Además, tengo un apoinmen en la escuela con el principal, porque mi hijo flonqueó el examen de inglés.

   Angelina: No te friquees si te dicen que no va a pasar de grado.

   María: No, qué va, si a él no le hace una diferencia si pasa o no. Lo voy a regañar. ¡Va a muchos paris y no estudia suficiente!

   Angelina: Déjalo, que cuando él empiece sus estudios universitarios y tenga que chusar una carrera, se acordará de sus tiempos en la escuela y de nuestros buenos consejos. Ya no es un nene, pero como es joven, él quiere divertirse y pasar un buen tiempo en la escuela.

B. Falsos cognados, anglicimos, etc.

Los **falsos cognados** son palabras que se escriben o pronuncian de manera semejante, pero cuyo significado no es el mismo en inglés que en español. Los siguientes verbos existen en el español estándar, pero a menudo son utilizados por los hablantes bilingües con su significado en inglés. Lea individualmente o con un(a) compañero(a) la lista siguiente. Dé(n) ejemplos del uso en inglés y del uso en español en cada caso.

Verbo		Inglés			Español
aplicar	◊	to apply	aplicar	=	poner sobre otra cosa
correr para...	◊	to run for...	correr para...	=	correr con algún propósito
mover	◊	to move to another address	mover	=	cambiar algo de lugar
procesar	◊	to process	procesar	=	enjuiciar a alguien
realizar	◊	to realize	realizar	=	lograr, hacer
trasladar	◊	to translate	trasladar	=	mover algo de lugar

Práctica

1. Escriba una oración con cada uno de los verbos anteriores, usando el significado que tienen en español estándar. Use el diccionario cuando le sea necesario.

    Ejemplo: Necesitamos <u>aplicarle</u> dos capas más de pintura a la pared para que quede bien.

    a. _____

    b. _____

    c. _____

    d. _____

    e. _____

    f. _____

    g. _____

2. En grupos de dos o tres estudiantes, lean la siguiente carta y fíjense en los **neologismos**[2], falsos cognados y otros giros que suelen utilizarse en algunas comunidades bilingües de los Estados Unidos. Luego vuelvan a escribirla dirigiéndosela a una persona que no comprenda inglés. Comparen su versión con las de otros grupos de la clase.

---

[2] El neologismo es una palabra nueva en la lengua, que todavía no se ha generalizado o estandarizado.

"Querido Johncito:

Tengo un chance bueno para ti, pues hay aquí un cuarto furnido con quichineta, muy cerca de la marqueta y con uindo para la yarda, aunque está algo escrachao. Lo malo es que no dan muchas blanquetas pero como no hace frío no importa. El estimjí también es malo. Abajo hay un lonchrum en donde puedes lonchar. No he visto más a Charli y oí que la otra noche lo jolopearon, pero afortunadamente estaba broque y no tenía más que una cuora. El consiguió un yob en una grocería de un relativo de él que antes era colector. Yo estoy trabajando de guachiman de noche y mi bos es muy bueno, pero tengo que manejar un güinche y chequearle el agua a un tanque y esto es un trabajo bien tofe. Mi mujer siempre toqueando todo el tiempo y cuando mi familia me fastidia mucho la mando para el cho, pero por lo demás oqué. Yo estoy supuesto a trabajar los domingos pero si vienes nos vamos a la barra un rato. Bueno, viejo, solón".[5]

_____

_____

_____

_____

_____

_____

_____

_____

_____

_____

[5] La carta se publicó en la revista *Ecos*, el 12 de marzo de 1955, p. 34. Se cita en *A Study of the Influence of English on the Spanish of Puerto Ricans of Jersey City, New Jersey*, tesis doctoral de Charles W. Kreidler, Univ. de Michigan, 1957.

¿Como digo? Enriquezca su vocabulario puertorriqueño.

Puertorriqueñismos. ¿Conoce las siguientes palabras o expresiones?

¡Ay bendito!	exclamación que expresa sorpresa, parecida a «No me digas».
chavos	dinero
china	naranja
coquí	ranita de la isla que hace un sonido muy particular
gandules	tipo de frijol
guineo	banana
mahones	pantalones *blue jeans*
mofongo	una comida puertorriqueña
pana	compañero, íntimo amigo
plena	ritmo musical de Puerto Rico
zafacón	basurero, latón de basura

 ## IV. Exploración y comunicación

Imagínese que usted planea un viaje de seis o siete días a Puerto Rico con tres de sus compañeros de clase.

1. Consigan información general, breve, sobre la Isla del Encanto: su historia, su gobierno, sus universidades, su naturaleza, su clima, sus playas, su capital, sus industrias principales, sus lugares turísticos más conocidos, su música folclórica, su estatus actual en relación a los Estados Unidos, el uso del español y el inglés en la calle, las escuelas, las profesiones, sus periódicos, etc.

2. Hagan un itinerario tentativo para proponérselo a sus compañeros de viaje. Tienen $2,000 cada uno. Consigan la siguiente información:

   - Costo del boleto de ida y vuelta.
   - Costo de posibles hoteles en los lugares que piensa visitar (direcciones, teléfonos, tarifas, descripción del hotel, foto del hotel si la hay disponible, etc.).
   - Lugares turísticos específicos que planea visitar (museos, fortalezas, playas, bosques, ciudades o pueblos en el interior o en la costa, etc.).

3. Preséntenles sus ideas a sus compañeros de viaje. Comparen sus ideas y hagan un plan entre todos. Explíquenle a la clase, en un informe oral de no más de 10 minutos, cómo han organizado el viaje.

 ## V. Para terminar

Escriba ahora en una hoja aparte un párrafo sobre la cita de Ana Celia Zentella al comienzo del capítulo o comparta sus ideas sobre la misma con un(a) compañero(a) o un grupo de tres o cuatro estudiantes.

Capítulo 4

Los cubanos y los cubanoamericanos

Lea esta cita y piense en ella mientras trabaja en este capítulo. ¿Cómo puede relacionar las ideas de la cita con su propia experiencia? Al terminar el capítulo escriba un breve párrafo sobre el tema o comparta sus ideas con sus compañeros de clase.

Escribo más que nada porque me gusta escribir. Pero la escritura es también mi manera de mantener viva la historia de mi familia; de documentar nuestro exilio, nuestra experiencia de existir entre dos culturas y dos mundos.

Creo que la literatura que escribimos los hispanos en este país, ya sea en inglés o en español, es fuerte y rica. Se nutre de varias tradiciones literarias—la mexicana, la española, la latinoamericana del 'boom', la norteamericana—y de varios contextos. Es a la vez marginal, contestaria y 'mainstream'. Desde su explosión en los años sesenta, se ha ido incorporando a la cultura de los Estados Unidos, transformándola.[1]

— Elías Miguel Muñoz (1954), escritor cubanoamericano

I. Ortografía

A. *El uso de la c, la s y la z*

Los problemas de ortografía relacionados con el uso de la *c*, la *s* y la *z* provienen del hecho de que, en ciertos casos, estas tres consonantes se pronuncian en Hispanoamérica de la misma manera, con un sonido equivale al de la *s*. Muchos españoles diferencian la pronunciación de la *s* y la *c* cuando van seguidas por una *i* o una *e*, mientras que para los hispanoamericanos el sonido es el mismo. Los españoles también pronuncian la *z* como la **th** del inglés *think*, que los hispanoamericanos pronuncian como una *s*.

La *c* tiene dos sonidos. Suena como *k* (sonido fuerte) delante de la *a*, la *o* y la *u*. El sonido débil o suave (como *s*) se produce antes de la *e* y la *i*.

/k/	/s/
caracol	celos
cara	ceniza
comida	cima
cuadro	celda
cuatro	cinco
camino	ciego
correr	negocio
Cuba	cine

---

[1]Muñoz, Elías Míguel. *Cuentos hispanos de los Estados Unidos.* Juilián Olivares, Ed. Houston: Arte Público Press, 1993, p. 233.

Si bien no hay problemas de ortografía cuando la *c* suena como *k*, el sonido de la *c* suave se puede confundir con el de la *s* o el de la *z*. Lea las siguientes palabras en voz alta y compare el sonido de la consonante en negrita. ¿Escucha usted alguna diferencia? ¿De dónde es su profesor(a)?

sentarse   **c**enar   **s**ellos   **c**elos   **Z**elandia   **z**inc

Lea la siguiente tabla individualmente o con un(a) compañero(a). Agregue(n), si es posible, otros ejemplos a los presentados.

El uso de la **c**, la **s** y la **z**

La **c** se usa:	Ejemplos:
• con los verbos que terminan en -**cer**.	na**cer**, anoche**cer**, entriste**cer**, cre**cer**, amane**cer**, pade**cer**
• con el plural de palabras terminadas en **z**.	rai**z** - raí**c**es, pe**z** - pe**c**es, lu**z** - lu**c**es, ve**z** - ve**c**es
• con los diminutivos de palabras terminadas en **z**.	lu**z** - lu**c**ecita, pe**z** - pe**c**ecito
• con los sustantivos terminados en -**ción** derivados de verbos de la primera conjugación (-**ar**).	confirma**ción** (confirm**ar**), can**ción** (cant**ar**), comunica**ción** (comunic**ar**), redac**ción** (redact**ar**)
• con los sustantivos terminados en -**ción**, derivados de participios o adjetivos terminados en -**to**.	maldi**ción** (maldi**to**), bendi**ción** (bendi**to**)
• con las palabras que terminan en -**ácea**, -**áceo**, -**acia**, -**cio**, -**cia**, -**encia**.	gris**áceo**, pala**cio**, espe**cias**, car**encia** Excepciones: aneste**sia**, magne**sia**

La **s** se usa:	Ejemplos:
• con los sustantivos terminados en -**sión** derivados de verbos terminados en -**sar** (salvo si conservan la última sílaba del verbo, como en conver**sación** [conversar]).	expre**sión** (expre**sar**), revi**sión** (revi**sar**), regre**sión** (regre**sar**)
• con los sustantivos terminados en -**sión** derivados de verbos terminados en -**der**, -**dir**, -**ter** y -**tir**.	ce**sión** (ce**der**), ver**sión** (ver**ter**), compren**sión** (compren**der**), agre**sión** (agre**dir**)
• con las palabras terminadas en los sufijos -**ísimo**, -**ísima**.	grand**ísimo**, baj**ísima**, lind**ísima**, flaqu**ísimo**

La **z** se usa:	Ejemplos:
• con el sufijo -**azo** cuando se usa como aumentativo.	puert**azo**, perr**azo**, manot**azo**
• con las formas verbales de la primera persona del indicativo y todas las del subjuntivo de los verbos terminado en -**acer**, -**ecer**, -**ocer**, -**ucir**.	fortal**ezco** (fortalecer), par**ezco** (parecer)
• con los apellidos españoles terminados en -**ez**.	Hernánd**ez**, Jimén**ez**, Gonzál**ez**

Práctica

1. De las dos palabras entre paréntesis, marque con un círculo la palabra correcta.

   Ayer no estuve en casa porque hubo una (cena / sena) en casa de mi abuela para (celebrar / zelebrar) mi (graduación / graduasión) de la (univercidad / universidad). Mi abuela estuvo (cosinando / cocinando) todo el día, porque la (ocación / ocasión) no era para menos. El primer plato fue una (riquísima / riquícima) sopa de pollo, muy (alimentisia / alimenticia), con toneladas de (sanahorias / zanahorias), como a mí me gusta. Luego, comimos (arros / arroz) con (zalchichas / salchichas) y ensalada de (ezpárragos / espárragos) con (mayonesa / mayoneza). Al final abuelita nos (hiso / hizo) un postre de (dulce / dulse) de leche cortada que estaba (delisioso / delicioso). Para (cerrar / serrar) con broche de oro el evento nos tomamos un vino (valensiano / valenciano) de pura (sepa / cepa).

2. Complete los espacios en blanco con *c, z* o *s*.

   a. Los estudiantes de la clase de español deben usar un buen dic__ionario.

   b. Hay un letrero en el pasillo del hospital que dice: Silen__io, por favor.

   c. El niño se asustó cuando vio un __iempiés debajo del lavamanos.

   d. En los pueblos pobres hay muchos niños que andan sin __apatos.

   e. Hoy día existe mucha gente que no sabe ni co__er una costura ni __urcir una media.

   f. A ve__es, por obliga__ión, acompaño a mi abuelo a pe__car en el muelle, pero no siempre pican los pe__es y acabamos __enando pe__cado en el réstaurante.

   g. El café cubano se sirve en un va__ito o en una ta__ita.

   h. La revi__ión del pacto entre Sui__a y Sue__ia se hi__o en la __esión de la tarde.

B. Homófonos con la c, la s y la z

Como vimos en el capítulo anterior, los homófonos son palabras con significados distintos que se pronuncian de la misma forma. Los siguientes términos representan una muestra de palabras que se confunden fácilmente en su ortografía. Lea la tabla de homófonos individualmente o con un(a) compañero(a). Trate(n) de formar oraciones con estas palabras. Comparta(n) sus ejemplos con la clase.

Homófonos con la c, la s y la z

abrasar	quemar (*to burn*)
abrazar	rodear con los brazos (*to embrace, to hug*)
asar	cocinar con fuego (*to roast*)
azar	casualidad (*chance*)
Asia	continente (*Asia*)
hacia	en dirección de un lugar (*towards*)
asta	palo de la bandera (*mast*)
hasta	indica término o fin (*until*)
basar	poner o dar una base (*to base*)
bazar	mercado donde se venden varios artículos (*bazaar*)
baso	del verbo **basar** (*I base*)
bazo	víscera (*spleen*)
casar	contraer matrimonio (*to marry*)
cazar	perseguir, atrapar o matar animales (*to hunt*)
ceda	imperativo del verbo **ceder** (*yield*)
seda	tejido fino (*silk*)
cede	del verbo **ceder** (*he/she yields*)
sede	lugar principal donde funciona una entidad administrativa o comercial (*headquarters*)
cenado	participio del verbo **cenar** (*had for dinner, dined*)
senado	asamblea legislativa (*senate*)
cesión	sustantivo del verbo **ceder** (*granting*)
sesión	tiempo que dura una reunión formal (*session*)
ciento	centena, centenar (*one hundred*)
siento	del verbo **sentar** o **sentir** (*I sit, I feel*)
cierra	del verbo **cerrar** (*he/she closes; close*)
sierra	cordillera de montañas, instrumento para cortar madera (*mountaim range, saw*)
ciervo	venado (*deer*)
siervo	esclavo; súbdito feudal en la edad media (*slave, serf*)
cocer	cocinar
coser	unir tela con un hilo
has	del verbo **haber**; verbo auxiliar
haz	del verbo **hacer**
ves	del verbo **ver**, segunda persona del singular (*you see*)
vez	ocasión (*once, times*)

Práctica

Complete los espacios en blanco con la palabra adecuada de la lista de homófonos.

1. ¿_____ hecho lo que te indicó la profesora?

2. Después del ciclón usamos la _____ para cortar los árboles caídos.

3. El _____ se vendía en la Edad Media como si fuera un animal más.

4. La herida se localizó en el _____, pero no fue de muerte.

5. La _____ duró ocho horas, pero no se pusieron de acuerdo.

6. ¿No _____ que tu abuela se ha caído otra _____? Apúrate y llama una ambulancia.

7. La expedición se dirigió _____ un remoto lugar del _____.

8. En la _____ Maestra de Cuba está el Pico Turquino, el más alto de la isla.

9. Los _____ de Turquía son famosos desde hace siglos.

10. El _____ del enemigo es preferible al desdén del amigo.

II. Gramática

A. El pretérito y el imperfecto del indicativo

El **pretérito** y el **imperfecto** son dos tiempos simples del **modo indicativo,** que se usan para expresar el pasado.

El **pretérito** expresa una acción ya terminada que ha ocurrido en un período o momento anterior al presente. También se le conoce como «pasado absoluto».

Lea individualmente o con un(a) compañero(a) los siguientes ejemplos. Trate(n) de contar un suceso pasado con dos o tres verbos en el pretérito. Puede(n) compartir sus ejemplos con la clase.

Anoche **comí** pollo frito a la cubana, arroz con frijoles negros, yuca con mojo y plátanos maduros. De postre **pedí** mermelada de guayaba con queso crema.

Pasamos más de diez años en Miami y después **vivimos** cinco años en Union City, Nueva Jersey. El año pasado **regresamos** a la Florida porque no **aguantamos** más la nieve y el frío del norte.

El **imperfecto** se usa para indicar una acción en desarrollo. Debido a que el imperfecto indica el transcurso de la acción, se puede utilizar en su forma simple o en su forma progresiva (el **imperfecto progresivo**), ya que las dos formas pueden expresar la misma idea.

Lea individualmente o con un(a) compañero(a) los siguientes ejemplos. Observe(n) cómo se usa el imperfecto para expresar acciones habituales o repetidas; sentimientos, emociones y estados de ánimo. Trate(n) de narrar una experiencia pasada con dos o tres verbos en el imperfecto.

Ejemplos:

¿**Hablabas** por teléfono con Francisco? Oye, ¿**estabas hablando** con él?

Mi tío Monín **era** un hombre muy religioso y por eso **iba** a la iglesia todos los días.

Ayer **quería** ir a la playa, pero **tenía** mucho que hacer y no pude ir.

Cuando era niña, siempre **tomaba** una merienda a las tres de la tarde.

Eran las doce de la noche y Adelaida **estaba** muy preocupada.

Los marineros **vigilaban** la costa cuidadosamente porque **querían** encontrar a los balseros que **estaban** perdidos en el mar.

Alberto **llegaba** de su trabajo cuando vio un accidente frente a su casa.

Formas regulares del imperfecto

hablar	comer	vivir
hablaba	comía	vivía
hablabas	comías	vivías
hablaba	comía	vivía
hablábamos	comíamos	vivíamos
hablaban	comían	vivían

 ## B. Formas regulares e irregulares del pretérito

En la siguiente tabla se observan tres verbos cuya conjugación en el pretérito es regular.

Formas regulares del pretérito

trabajar	comer	vivir
trabajé	comí	viví
trabajaste	comiste	viviste
trabajó	comió	vivió
trabajamos	comimos	vivimos
trabajaron	comieron	vivieron

CAMBIOS ORTOGRÁFICOS EN EL PRETÉRITO

Los verbos cuyo infinitivo termina en **-car**, **-gar** y **-zar** tienen cambios ortográficos en la primera persona.

c	→	qu	g	→	gu	z	→	c
buscar		[yo] bus**qué**	navegar		nave**gué**	empezar		empe**cé**
tocar		to**qué**	llegar		lle**gué**	rezar		re**cé**
indicar		indi**qué**	pagar		pa**gué**	rozar		ro**cé**

Otros cambios ortográficos en el pretérito:

| leer | leyó | leyeron |
| construir | construyó | construyeron |

VERBOS IRREGULARES EN EL PRETÉRITO

Lea la siguiente tabla individualmente o con un grupo de dos o tres estudiantes.
Trate(n) de dar un ejemplo con cada uno de los verbos.

andar	anduve, anduviste, anduvo, anduvimos, anduvieron
estar	estuve, estuviste, estuvo, estuvimos, estuvieron
dar	di, diste, dio, dimos, dieron
oír	oí, oíste, oyó, oímos, oyeron
ir/ser	fui, fuiste, fue, fuimos, fueron
caber	cupe, cupiste, cupo, cupimos, cupieron
saber	supe, supiste, supo, supimos, supieron
poder	pude, pudiste, pudo, pudimos, pudieron
poner	puse, pusiste, puso, pusimos, pusieron
tener	tuve, tuviste, tuvo, tuvimos, tuvieron
hacer	hice, hiciste, hizo, hicimos, hicieron
querer	quise, quisiste, quiso, quisimos, quisieron
venir	vine, viniste, vino, vinimos, vinieron

En los siguientes verbos, la *c* de la raíz se convierte en *j,* o se agrega una *j* antes
de la terminación:

traer	traje, trajiste, trajo, trajimos, trajeron
decir	dije, dijiste, dijo, dijimos, dijeron
conducir	conduje, condujiste, condujo, condujimos, condujeron
traducir	traduje, tradujiste, traduje, tradujimos, tradujeron

Práctica

1. Complete las oraciones que siguen con un verbo en el pretérito de la lista
   siguiente. Puede usar los verbos más de una vez.

   | andar | caber | decir | estar | haber | hacer |
   | oír | saber | sacar | tener | venir | ir |

   a. Y tú, ¿qué _____ el fin de semana?

   b. _____ a un concierto de un grupo cubano. _____

   buenísimo. _____ mucho éxito.

   c. Como la sala era pequeña, mucha gente no _____.

   _____ mucha gente que se quedó afuera.

d. Yo no _____ a ningún lado. _____ a la biblioteca de la universidad y _____ estudiando todo el fin de semana.

e. ¿Quién _____ por aquí? ¡Todos mis papeles están desordenados! Alguien me _____ los apuntes que tenía.

f. ¿No _____ qué le pasó a Pedro? Me _____ que _____ un accidente.

g. Yo no _____ nada.

2. Complete la siguiente narración con las formas apropiadas del imperfecto del verbo entre paréntesis.

a. Cuando _____ (ser) niña, mi familia y yo _____ (vivir) en un apartamento moderno y grande en el Vedado, La Habana.

b. El lugar del cual me acuerdo más es la casa de mis abuelos. Allí nosotros _____ (pasar) todas las tardes después de la escuela.

c. _____ (Haber) un gran árbol de flores blancas en el jardín. Yo siempre _____ (recoger) las flores caídas y me _____ (hacer) collares con ellas.

d. A mi hermano Octavio no le _____ (gustar) mucho estar en el jardín. Como _____ (hacer) mucho calor, él _____ (preferir) quedarse adentro.

e. Octavio _____ (sentarse) hora tras hora en el comedor, conversando con la abuela sobre nuestros tatarabuelos y sobre otras épocas de la familia, cuando todavía _____ (usarse) los coches de caballo.

f. Abuela le _____ (contar) la historia de cada plato de la gran colección que _____ (colgar) alrededor de la enorme mesa de caoba del antiguo comedor.

g. Tía Ana, abuela Anita y Octavio se _____ (mecer) en aquellos viejos pero cómodos sillones cubanos que _____ (estar) todos juntitos, uno al lado del otro.

h. Yo a veces me _____ (esconder) de todos en la casa de

los perros, que _____ (encontrarse) entre la casa

principal y el gallinero, donde _____ (vivir) los dálmatas.

i. Yo no _____ (ser) una niña atrevida; sólo curiosa. Ya por la

tarde, mi mamá _____ (venir) a buscarnos después de su

trabajo en la escuela, donde _____ (enseñar)

educación física.

j. Octavio y yo _____ (soler) contarnos nuestras aventuras y

travesuras mientras _____ (regresar) a nuestro

apartamento en El Vedado.

k. Al llegar a casa nosotros _____ (hacer) la tarea,

_____ (cenar), y _____ (acostarse) a dormir

temprano después de jugar un rato o visitar a nuestros vecinos, los

García.

3. Complete la siguiente narración con la forma apropiada del pretérito o el imperfecto de los verbos entre paréntesis.

La cantante cubana, Albita Rodríguez, _____ (llegar)

a los Estados Unidos en 1993. Ella _____ (estar) de gira

en México con su conjunto, cuando _____ (decidir) por

fin exiliarse. Todos los miembros de su banda, menos una integrante

cuyo padre _____ (estar) enfermo en Cuba, estaban de

acuerdo: no _____ (querer) regresar al tipo de vida que

les _____ (ofrecer) el comunismo en Cuba. Desde México,

todos juntos _____ (cruzar) la frontera por El Paso, Texas.

Para que no hubiera ninguna sospecha, todos _____ (tener)

que dejar sus instrumentos musicales en México. Cuando el conocido

salsero, Willy Chirino, _____ (enterarse) de lo que les

_____ (ocurrir), él les _____ (prestar) los instrumentos

que _____ (necesitar) para empezar a trabajar en Miami y así poder abrirse camino. Poco después, Emilio Estefan, el marido de

Gloria y productor de la Sony, los _____ (descubrir)

cuando _____ (actuar) en un club de la Pequeña Habana.

El resto del cuento ya se sabe: fiestas en casa de Madonna, giras por

todo América Latina... Albita ha tenido un éxito rotundo y mucha

suerte.

4. Use el pretérito y el imperfecto, según corresponda, en cada una de las situaciones que se describe a continuación.

    a. Uno de sus compañeros de clase se enfermó y tuvo que faltar a la clase de español por una semana. Escríbale una nota informándole sobre lo que hicieron durante su ausencia.

        _____

        _____

        _____

    b. Ayer se cortó la electricidad en casa de su mejor amigo(a) y él(ella) se perdió su programa de televisión favorito. Usted pudo ver todo el programa. Cuéntele en una breve nota un resumen de lo ocurrido.

        _____

        _____

        _____

        _____

        _____

    c. Hoy usted llegó tarde al trabajo por tercera vez en dos semanas y su jefe está muy enfadado. Explíquele por correo electrónico por qué usted llegó tarde hoy. Debe tener una **excelente** excusa.

        _____

        _____

        _____

        _____

        _____

d. Usted no encuentra las llaves del auto. Haga una lista de lo que hizo, paso por paso, después de entrar a la casa, para ver si recuerda dónde puso las llaves.

_____

_____

_____

_____

_____

e. No hay tono en el teléfono cuando su mamá intenta usarlo. Usted recuerda que se le olvidó pagar la cuenta mientras sus padres estaban de viaje. Explíquele a su mamá por qué no lo hizo.

_____

_____

_____

_____

_____

f. Recuerdos de la infancia. Basándose en la narración del ejercicio 2 de la página 66, escriba un párrafo de un mínimo de cinco o seis oraciones, en el que relate lo que hacía en su niñez. Use el imperfecto.

_____

_____

_____

_____

_____

_____

_____

_____

_____

III. Vocabulario

A. Refranes

Los proverbios y los refranes existen en todas las lenguas y se consideran parte esencial del idioma. El español hablado es rico en refranes, proverbios y dichos que abundan sobre todo en el habla popular. Los refranes se escuchan en un sinnúmero de situaciones cotidianas, haciéndolas más vivas y dinámicas.

A continuación se presentan algunos de esos refranes en español con su equivalente en inglés. Lea los refranes individualmente o en un grupo de tres o cuatro compañeros. Marque(n) el casillero de la izquierda si conocía(n) el refrán, y el de la derecha si no lo conocía. Luego compare(n) sus resultados con otros compañeros.

	Sí	No
Cría cuervos y te sacarán los ojos. (*Don't lavish your gifts on the ungrateful.*)	☐	☐
A caballo regalado no se le mira el diente. (*Don't look a gift horse in the mouth.*)	☐	☐
Al mal tiempo buena cara. (*When the going gets tough, the tough get going.*)	☐	☐
Al que madruga, Dios lo ayuda. (*The early bird catches the worm.*)	☐	☐
Antes que resuelvas nada, consúltalo con la almohada. (*Better sleep on it before you decide.*)	☐	☐
Camarón que se duerme, se lo lleva la corriente. (*Shuffle your feet, lose your seat.*)	☐	☐
De tal palo tal astilla. (*Like father like son.*)	☐	☐
Dime con quién andas, y te diré quién eres. (*Birds of a feather flock together.*)	☐	☐
En boca cerrada no entran moscas. (*Keep your mouth shut, so you won't put your foot in it.*)	☐	☐
En tierra de ciegos el tuerto es rey. (*In the land of the blind, the one-eyed man is king. / He's a big frog in a small pond.*)	☐	☐
Haz bien y no mires a quién. (*Do good without looking to whom.*)	☐	☐
Lo barato sale caro. (*Cheap things turn out to be expensive.*)	☐	☐
Más vale estar solo que mal acompañado. (*Better off alone than in bad company.*)	☐	☐
Más vale malo por conocido, que bueno por conocer. (*Better a known enemy than an unknown friend.*)	☐	☐

Más vale pájaro en mano que cien volando. *(A bird in the hand is worth two in the bush.)*	❑	❑
No es tan fiero el león como lo pintan. *(His bark is worse than his bite.)*	❑	❑
Ojos que no ven, corazón que no siente. *(Out of sight, out of mind.)*	❑	❑
Perro que ladra, no muerde. *(Barking dogs don't bite.)*	❑	❑
Vísteme despacio, que tengo prisa. *(The "hurrieder" I go, the "behinder" I get. / Slow down, I'm in a rush.)*	❑	❑

Práctica

1. Haga una lista de los refranes en español que haya escuchado en su casa o en su familia. Indique con una marca los que ha escuchado con más frecuencia. Comparta su lista con las de otros compañeros. Si desean pueden hacer una votación en clase y escoger el refrán o los dos refranes más conocidos por toda la clase.

_____

_____

_____

_____

_____

2. De los cuatro refranes dados, identifique cuál es el más adecuado para cada una de las situaciones siguientes.

> **Ejemplo:** Esperanza está muy enamorada de su novio. Cuando su amiga Mariana le cuenta de los *flirteos* del muchacho con otras chicas de la escuela. Esperanza, muy tranquila, le responde: b
>
> a. En boca cerrada no entran moscas.
> b. Ojos que no ven, corazón que no siente.
> c. Al que madruga, Dios lo ayuda.
> d. Lo barato sale caro.

   a. Juan Antonio tiene una entrevista de trabajo muy importante hoy. Su esposa lo está ayudando a prepararse. Ella está tan nerviosa que por poco le echa el café con leche encima. Juan Antonio le dice: _____

   1) En tierra de ciegos el tuerto es rey.

   2) Haz bien y no mires a quién.

   3) Perro que ladra no muerde.

   4) Vísteme despacio, que estoy de prisa.

b. Alejandro dejó la escuela y se unió a una pandilla callejera. Su novia está muy disgustada y quiere romper con él. Cuando su novio le pregunta por qué, Pepita le dice: _____

   1) No es tan fierro el león como lo pintan.

   2) Al que madruga, Dios lo ayuda.

   3) Dime con quién andas y te diré quién eres.

   4) Al mal tiempo buena cara.

c. El Sr. Gómez es muy ahorrativo y ha llegado a ser millonario, pero no disfruta su dinero. Su hijo de siete años le sigue los pasos y guarda todo el cambio que le regala la familia en una alcancía. Su abuela dice con resignación: _____

   1) De tal palo tal astilla.

   2) Dime con quién andas y te diré quién eres.

   3) Camarón que se duerme, se lo lleva la corriente.

   4) Haz bien y no mires a quién.

d. A Pedrito su primo le regaló su vieja computadora. Pedrito se queja de la computadora, diciendo que no es tan buena y no tiene mucha memoria. Su padre le contesta: _____

   1) Perro que ladra no muerde.

   2) A caballo regalado no se le mira el diente.

   3) En boca cerrada no entran moscas.

   4) No es tan fierro el león como lo pintan.

e. Hace tiempo que Martica quiere obtener el permiso de conducir, pero siempre llega tarde a la oficina y no la atienden. Su hermano le recomienda que se levante más temprano porque: _____

   1) Cría cuervos y te sacarán los ojos.

   2) Antes que resuelvas nada, consúltalo con la almohada.

   3) Al que madruga, Dios lo ayuda.

   4) Lo barato sale caro.

3. En grupos de tres o cuatro estudiantes, escojan el refrán adecuado para cada una de las situaciones siguientes. Pueden comparar sus respuestas con las de otros grupos.

Ejemplo: Margarita perdió treinta dólares en la lotería. Ahora no tiene suficiente dinero para ir al concierto de Willy Chirino el domingo y está de muy mal humor. Su amiga Ana le dice que se resigne porque:

Al mal tiempo buena cara.

---

a. Inés no tiene suerte con sus vecinos, pero aunque todos le dan la espalda, ella siempre que puede los ayuda y reconforta. Su amiga le pregunta por qué lo hace e Inés le responde:

_____

_____

b. Fina se compró su traje de novia en un pulguero y se ahorró mucho dinero. En la ceremonia se le zafó la costura de una manga y se le cayeron tres botones de la espalda. Su madre, bravísima, le dijo:

_____

_____

c. A Felipe le han propuesto un viaje a Cuba, para realizar una investigación cultural. Sus compañeros de trabajo le advierten que lo van a tachar de comunista cuando vuelva. Felipe no sabe qué hacer; su padre le aconseja que se tome un tiempo para pensarlo:

_____

_____

d. Angelina se pasa la vida haciéndole promesas a su novio, pero nunca las cumple. Le aseguró que se casarían en mayo, pero es diciembre y todavía no hay ambiente de boda. El novio tiene paciencia y dice que la espera porque sabe que:

_____

_____

e. El jefe de Conchita la amenaza a menudo con despedirla por llegar tarde a la oficina. Rosa, muy preocupada por su amiga, le pregunta si no siente temor por la represalia, y Conchita, muy tranquila, le recuerda:

_____

_____

4. En grupos de tres estudiantes, escojan tres refranes y describan en una hoja aparte una situación en que se pueden aplicar. Los refranes no tienen que estar necesariamente en la lista; pueden usar otros que conozcan.

5. Léanle a la clase las situaciones que han escrito en el ejercicio anterior. No lean el refrán. Los demás grupos deberán decidir cuál es el refrán adecuado.

B. ¿Cómo dijo? Enriquezca su vocabulario cubano

Lea las siguientes expresiones individualmente o en un grupo de dos o tres estudiantes. Mientras hace la lectura tome nota de sus observaciones o comente con sus compañeros lo siguiente:

- si ha(n) escuchado ese modismo alguna vez.
- si se usa en su familia o en su país de origen.
- si lo ha(n) escuchado pero con otro significado.
- qué otra expresión o expresiones conoce(n) para expresar lo mismo.

Al final de la lectura comparta(n) sus observaciones con el resto de la clase.

Vocablos o frases típicas	Significado
botánica	tienda en que se puede comprar artículos usados en la práctica de la santería, religión afrocubana.
Guillermo fue a la **botánica** a comprarse una vela roja en honor a Santa Bárbara.	
¡Chévere!	¡qué bueno!, simpático
Pablo es un muchacho muy **chévere**. ¡ Qué **chévere**! ¡Me gané el primer premio!	
de película	increíble, tremendo, maravilloso
Lo que pasó ayer fue **de película**.	
formarse un arroz con mango	armarse un lío
Julio llegó a la fiesta con su nueva amiga, que es muy celosa. Cuando aparecieron sus dos exnovias, se formó tremendo **arroz con mango**.	
fotuto	claxon (*car horn*)
Es muy peligroso manejar sin **fotuto**.	
guagua	autobús
Tomaba la **guagua** todos los días para ir al colegio.	
guarapo	jugo de la caña de azúcar
Me encanta tomarme un **guarapo** bien frío cuando hace mucho calor.	
máquina	automóvil
Voy a tomar una **máquina** de alquiler (*cab*) porque es más fácil que tener que molestar a mi tía para que me lleve al trabajo hoy.	
sandwich de medianoche	*midnight sandwich* (sándwich de queso suizo, jamón, pan dulce, lechón y pepinillos)
La **medianoche** que hacen en *Latin American Cafeteria* es la mejor de Miami.	
moros y cristianos	arroz blanco cocinado con frijoles negros
Los **moros y cristianos** es un plato típico cubano; va muy bien con un bistec de palomilla, yuca con mojo y platanitos maduros.	

picú(d)o   cursi o pretensioso (*tacky*)

Puede que Antonio tenga dinero, pero no sabe ni vestirse bien ni comportarse como una persona fina. Es bastante **picúo (picudo)**.

pisicorre   camioneta (*station wagon*)

El sábado necesitamos usar el **pisicorre** para llevar los muebles al apartamento nuevo.

sabichucho   un sabelotodo (*know-it-all*)

Aunque no lo admita, el **sabichucho** de Evaristo se equivoca a veces.

IV. Exploración y comunicación

Autores cubanoamericanos. Busque una obra (cuento, autobiografía, poema, ensayo, obra dramática) de un(a) autor(a) cubanoamericano(a). Por ejemplo: *Soñar en cubano* o *Las hermanas Agüero* de Cristina García; o *El año que viene estamos en Cuba* de Gustavo Pérez Firmat. Lea parte de la obra y escriba su opinión inicial sobre lo que ha leído en una o dos hojas aparte.

Otros autores cubanoamericanos que puede explorar: Elías Miguel Muñoz, Roberto Fernández, Jorge Guitart, Carolina Hospital, Pablo Medina, Achy Obejas, Carlos Rubio Albet, Oscar Hijuelos, Lourdes Gil, Emilio Bejel y Uva Clavijo. Algunos escriben en inglés y otros escriben en español. A veces algunos escritores escriben en los dos idiomas. ¿Cómo se puede definir la literatura de los cubanoamericanos? ¿Es diferente a una literatura de autores en el exilio?

V. Para terminar

Escriba ahora en una hoja aparte un párrafo sobre la cita de Elías Miguel Muñoz al comienzo del capítulo o comparta sus ideas sobre la misma con un(a) compañero(a) o un grupo de tres o cuatro estudiantes.

Capítulo 5

La herencia multicultural de España

Lea esta cita y piense en ella mientras trabaja en este capítulo. ¿Cómo puede relacionar las ideas de la cita con su propia experiencia? Al terminar el capítulo escriba un breve párrafo sobre el tema o comparta sus ideas con sus compañeros de clase.

En el caso del español, se consideró como estándar de la comunidad hispanoparlante, durante varios siglos, la norma culta derivada históricamente del habla de Castilla y codificada por la Real Academia Española. Hoy día, sin embargo, está bastante difundida la noción de que cada región hispanoparlante tiene un estándar culto, representado por el uso de las personas instruidas en contextos más o menos formales.[1]

— Milton M. Azevedo, profesor en la Universidad de California, Berkeley

I. Ortografía

El uso de la g y la j

La ortografía de las palabras que se escriben con *g* y con *j* puede causar problemas debido a que la pronunciación de la *g* delante de *e* o *i* (gente, giro), es igual a la de la *j* cuando precede a las mismas vocales (jefe, jirafa). Esta confusión motivó a que el famoso poeta español Juan Ramón Jiménez, autor de *Platero y yo*, decidiera adoptar su propia regla particular en todos sus escritos, escribiendo *j* cada vez que la *g* estaba delante de *e, i*. Su ejemplo no tuvo seguidores y las dudas ortográficas entre la *g* y la *j* siguen existiendo.

La letra *g* tiene un sonido suave y uno fuerte, según la vocal a la que preceda.

El sonido suave de la *g* no causa muchas dificultades. Se produce delante de las vocales *a, o* y *u*; su pronunciación es como el sonido débil de la *g* en la palabra *goat* en inglés. Cuando el mismo sonido se produce delante de la *e* y de la *i*, se agrega al escribir una *u*, la *u* muda, que no se pronuncia (**gu**errero, **gu**isar, **gu**ineo). Lea las siguientes palabras individualmente o con un(a) compañero(a). Observe(n) el sonido suave de la *g* en todos los casos. Agregue(n) sus propios ejemplos a los presentados.

ga	**go**	**gu**	**gue**	**gui**
garbanzo	**go**bernador	**gu**agua	**gu**erra	**gui**tarra
gardenia	al**go**	**gu**apa	alber**gue**	**gui**ño
garganta	**go**losina	**gu**araní	lle**gue**	**gui**llotina
gaucho	**go**lpe	**gu**achinango	meren**gue**	**guí**a
gazpacho	**go**londrina	**gu**bernamental	**Gue**vara	**Gui**llermo
gallina	man**go**	**gu**sto	**Gue**rnica	**gui**so

---

[1] Azevedo, Milton M. *Introducción a la lingüística española*. Prentice-Hall: 1992, p. 18.

Para indicar que es necesario pronunciar la *u* en las sílabas **gue**, **gui**, se usa la **diéresis**, los dos puntos que se colocan encima de la *ü*. Así se forman las sílabas **güe**, **güi** (bilin**güe**, **güi**ro, lin**güí**stica, ci**güe**ña, Cama**güe**y, sinver**güe**nza).

En el siguiente cuadro hay **seis palabras** que necesitan la diéresis sobre la *u* (*ü*). Lea las palabras individualmente o con un(a) compañero(a). Decida(n) cuáles necesitan diéresis. Compare(n) sus respuestas con las de sus compañeros(as).

guerra	verguenza	antiguedad	águila
aguinaldo	aguero	hoguera	guiar
guero	guiso	reguero	guinda
cigueña	guitarra	bilinguismo	higuera

El sonido fuerte de la **g** (que suena como la **h** de la palabra *hot* en inglés) es el que puede causar dificultades en la escritura ya que se pronuncia igual que la **j** delante la *e* y la *i*. También es causa de problemas para los hispanos bilingües el hecho de que las sílabas **ja**, **je**, **ji**, **jo** y **ju** (y también **ge** y **gi**) tengan en español el mismo sonido de la **h** en inglés, **jo**ta en español y *hot* en inglés, por ejemplo. Debido a la influencia del inglés, es fácil confundirse y escribir una **h** en español en lugar de una **g** de sonido fuerte o una **j**. Es necesario recordar que en español la **h** es muda. Lea en voz alta la lista siguiente de palabras en español y compare su pronunciación.

habitante	jabón
helado	gelatina
hinchado	gitano
hotel	jinete
horario	jornada
humor	jugo

Se incluyen a continuación algunas normas sobre el uso de la **g** y de la **j**. Lea la siguiente tabla individualmente o con otros compañeros. Agregue(n) sus propios ejemplos a los presentados.

El uso de la **g** y de la **j**

La **g** se usa:	Ejemplos:
• en las palabras que empiezan con **geo-**, **germ-** y **gest-**	**geo**política, **geo**grafía, **geo**metría, **ger**mánico, **ger**men, **ges**to, **ges**tión
• en todas las formas de los verbos terminados en **-gerar**, **-gerir** y **-giar**	ali**gerar**, di**gerir**, elo**giar**
• en las palabras que empiezan con **leg-**	**leg**ión, **leg**ítimo, **leg**ible, **leg**islar Excepciones: le**jí**a, le**ji**tos
• en las palabras terminadas en **-gia**, **-gio**, **-gión** y **-gésimo**	cole**gio**, privile**gio**, conta**gio**so, ma**gia** arqueolo**gía**, re**gión**, vi**gésimo** Excepciones: bu**jí**a, here**jí**a

• en las palabras que tienen la sílaba **-gen**	aborigen, fotogénico, inteligente, virgen, insurgente, gentil, indígena Excepciones: **j**engibre, come**j**én, enajenar, beren**j**ena
• en las palabras terminadas en **-inge, -gismo, -ginoso** y **-ginal**	esfinge, laringe, neologismo, silogismo, vertiginoso, original Excepciones: espe**j**ismo y salva**j**ismo
• en las palabras con las terminaciones: **-gélico, -gésimo, -gético, -gínico, -giénico, -igero, -ógico**	energético, evangélico, lógico, higiénico, vigésimo, sicológico Excepción: paradójico
La j se usa:	**Ejemplos:**
• en las palabras que tienen las sílabas **-aje** y **-eje**	homenaje, ajedrez, ejecutivo, ejercicio, coraje, pasaje, personaje, tatuaje, cerrajero
• en todos los verbos terminados en **-jar** o **-jear**	arrojar, cotejar, trabajar, hojear, cojear
• en las formas irregulares del pretérito de los verbos decir, deducir, producir, traducir, fraer	dije, dedujiste, dedujo, produjimos, produjeron, tradujiste, tradujimos, tradujeron, traje, trajimos
• en las palabras terminadas en **-jero, -jeno** y **-jería**	agujero, extranjero, relojería, ajeno Excepción: ligero
• en todas las palabras con las sílabas **ja, jo** y **-ju**	baja, jorobado, juguete, jugo
Nota: Los verbos terminados en **-ger** o **-gir** cambian la **g** a **j** delante de la **a** o la **o**.	**Ejemplos:** escoger/escojo; exigir/exija.

Práctica

1. Escriba el cognado en español que corresponda a las siguientes palabras en inglés.

    a. tragedy   _____

    b. geranium   _____

    c. congenital   _____

    d. geographer   _____

    e. insurgent   _____

    f. magic   _____

    g. angelic   _____

    h. heterogeneous   _____

    i. oxygen   _____

    j. indigenous   _____

2. Escriba una **g** o **j** en los espacios en blanco, según corresponda.

    a. naufra___io   ___uego   paraple___ía

    b. pasa___e   e___ecución   ata___o

    c. in___eniero   he___emonía   ahi___ada

      d. homena___es   corri___o   gara___e

      e. te___idos   me___illa   a___eno

      f. ___efe   via___e   e___ercicio

      g. e___emplo   esco___a   gran___ero

      h. ___amás   ___icotea   prote___amos

      i. e___ipcios   ___eográfico   pedago___ía

      j. prote___ido   in___usticia   cerra___ería

      k. vi___ente   flo___o   li___ero

      l. mu___er   in___enio   co___er

3. Complete las palabras de estas oraciones con *j* o con *g*. Agregue la diéresis (los dos puntos) sobre la *u* cuando sea necesario.

    a. Cuando ___ilberto era ___oven tenía un pá___aro ro___o medio co___o que parecía exi___ir berro a toda hora con su ener___ético canto.

    b. ___orge, además de ser lin___uista y exi___ente maestro, es un poeta bilin___ue que mane___a bien, tanto la ___erga popular, como el lengua___e refinado.

    c. Cuando estuve en Para___uay perdí todo mi equipa___e y mi pasa___e de vuelta a ___uárez, pero como mis tar___etas de crédito estaban re___istradas, el a___ente de American Express me consi___uió dinero para la emer___encia.

    d. ___osefina estudia una carrera muy sin___ular: ___erontolo___ía, rama de la medicina que trata de los problemas de la ve___ez.

    e. Diri___ete a la maestra ___iménez que te explicará que la ___ota es el nombre de un baile español de mucho a___etreo y a___itación, porque hay que dar tremendos saltos á___iles y un poco salva___es.

    f. La intérprete que se llama Ar___elia, via___ó a un tribunal de___ibraltar. Ella me di___o: "Por traba___ar tantas horas con el lengua___e ___urídico ahora ten___o una tremenda ___aqueca".

II. Gramática

El participio pasado

El **participio pasado** es una forma del verbo que presenta la acción como terminada o completa. Puede funcionar como adjetivo, en cuyo caso concuerda con el sustantivo en género y número:

    el ejemplo **presentado** en clase
    las frases **presentadas** en el texto

También se lo conoce como participio pasivo, ya que se usa para formar la voz pasiva:

    Ese ejemplo **fue presentado** por un estudiante.
    Estas mismas frases ya **fueron presentadas** por sus compañeros.

El **participio pasado** se usa en los tiempos compuestos de los verbos (**haber** más el participio pasado):

> ¿**Has presentado** el informe a la clase?
>
> No creo que **haya presentado** todos lo ejemplos que tenía.

En el caso de los tiempos compuestos el participio no funciona como adjetivo, y por eso es invariable y siempre se usa en la forma masculina singular:

> Ya te **he presentado** el problema.
>
> Me parece que no **ha leído** las explicaciones.
>
> ¿**Habrán partido** ya para España?

LA FORMACIÓN DEL PARTICIPIO PASADO

Para formar el participio pasado, sólo se necesita añadir **-ado** a la raíz de los verbos de la primera conjugación (**-ar**); se añade **-ido** a la raíz de los verbos de la segunda o la tercera conjugación (**-er** y **-ir**). Observe la tabla siguiente:

PARTICIPIOS REGULARES

habl**ar**	→	habl-	→	habl**ado** (*spoken*)
aprend**er**	→	aprend-	→	aprend**ido** (*learned*)
viv**ir**	→	viv-	→	viv**ido** (*lived*)

PARTICIPIOS PASADOS IRREGULARES

Hay verbos cuyo participio pasado no se forma de acuerdo con las reglas anteriores. Lea individualmente o con un(a) compañero(a) la tabla y las explicaciones que siguen. Agregue(n) sus propios ejemplos a los presentados. Puede(n) compartir sus ejemplos con la clase si quiere(n).

Participios irregulares

Verbo	P. pasado	Ejemplo
abrir	**abierto**	¿Has **abierto** la correspondencia de hoy?
cubrir*	**cubierto**	El cielo está **cubierto** de nubes.
decir*	**dicho**	Creo que te ha **dicho** la verdad.
escribir*	**escrito**	Los estudiantes no han **escrito** las composiciones.
freír	**frito**	¿Te gusta el pescado que te hemos **frito**?
hacer*	**hecho**	Por suerte han **hecho** lo que pedí.
morir	**muerto**	Se ha **muerto** de un infarto cardíaco.
poner*	**puesto**	Me había **puesto** el abrigo y estaba listo para salir.
resolver**	**resuelto**	El gobierno no ha **resuelto** aún el problema.
romper	**roto**	Ella ha **roto** todos los vasos.
satisfacer	**satisfecho**	Han **satisfecho** todos los requisitos.
ver*	**visto**	¿Has **visto** esa película?
volver*	**vuelto**	Todavía no han **vuelto** de sus vacaciones.

1. El (*) en los verbos de la tabla anterior indica que en los derivados de esos verbos el participio pasado se forma de la misma manera.

   Ejemplos: descubrir - descubierto; predecir - predicho; describir - descrito; reponer - repuesto; devolver - devuelto; componer - compuesto; envolver - envuelto; deshacer - deshecho.

2. El (**) en el caso de **resolver** indica que en los verbos con la terminación - **solver**, el participio pasado se forma de la misma manera.

   Ejemplos: disolver - disuelto; absolver - absuelto.

Práctica

1. En el siguiente diálogo entre dos chicas madrileñas hay muchos participios. Léalo con un(a) compañero(a) o en un grupo de tres o cuatro estudiantes.

   - Subrayen todos los participios que encuentren.
   - Dividan los participios en regulares e irregulares. Pueden hacer una lista en una hoja aparte.
   - Compartan su lista con la clase.

   Pilar: Marcos y yo estábamos muertos de hambre. Por eso no os esperamos y ya habíamos terminado de cenar cuando vosotros llegasteis. Marcos quería marcharse temprano porque su hermano llegaba de Inglaterra y no se habían visto desde hacía meses.

   Lola: Comimos calamares fritos, pero no quedé muy satisfecha. Y además pienso que nos han cobrado demasiado.

   Pilar: ¿Sabes que Marcos se enfadó mucho cuando vio la cuenta? Para colmo, cuando llegamos al coche vimos que la ventanilla del lado del conductor estaba rota y el maletero estaba abierto. Los asientos estaban cubiertos de vidrio y la radio había desaparecido.

   Lola: Parece que a todo el mundo le roban algo en ese barrio. ¿Adónde habrá ido a parar la radio? ¿Llamasteis a la poli?

   Pilar: ¿Para qué, mujer? ¿Qué nos hubieran dicho? Casi nunca agarran a esos sinvergüenzas. Cuando llegamos a casa, me tomé dos antiácidos. ¡Y Marcos se tomó tres! Menos mal que al ver a su hermano se olvidó un poco del lío.

2. Llene los espacios en blanco con el participio pasado del verbo entre paréntesis.

   Ejemplos: ¡Dios mío! He <u>marcado</u> (marcar) el número de Marcos cuando quería hablar con José.

   a. No hables así, María... Cayetano solamente ha _____

   (decir) cosas buenas de ti.

   b. Fernando no me había _____ (escribir) por tres meses

   cuando conocí a Cayetano en Barcelona.

c. Ahora estoy _____ (arrepentir) de haberle dicho «sí» la primera vez que me preguntó si quería salir al cine.

d. Olvídalo, María; ya hemos _____ (hacer) la tarea, así que es hora de salir a tomarnos unas copas y dar una vuelta.

e. De acuerdo. Ya veo que Jorge nos ha _____ (dejar) plantados a todos otra vez y Juan se ha _____ (ir) a estudiar en la biblioteca.

f. ¿Alguien ha _____ (ver) mis llaves? ¿Dónde las habré _____ (poner)?

g. ¡Las he _____ (perder) otra vez! No lo puedo creer.

h. ¡Ja, ja! Las hemos _____! (esconder) ¡Búscalas!

i. Vosotras ya os habéis _____ (reír) mucho de mí. Menos mal que tengo buen sentido de humor.

j. Mira, aquí están tus llaves. Las habías _____ (cubrir) con la bolsa. ¡Vamos!

3. Traduzca las siguientes oraciones al español. Use el participio pasado según corresponda.

a. *Felipe's dissertation is not finished yet.*

_____

b. *He has gone to Granada two or three times already this year.*

_____

c. *In Andalucía the majority of the houses in the countryside are painted white.*

_____

d. *We stay up (awake) very late when we are in Spain.*

_____

e. *I was standing at the bar, trying to order* (pedir) *an appetizer of shrimp in garlic sauce, green olives, and a glass of red wine.*

_____

f. *The Prado Museum was open earlier yesterday. Have you been there already?*

_____

g. *Since we had not been to the museum since 2002, we took advantage of the opportunity and went in to see the exhibition of Goya's paintings and engravings.*

_____

h. *Three important paintings from the museum have been damaged with the passing of time.*

_____

i. *The lights have to be turned off at night.*

_____

j. *The window was open, but I closed it; the street is noisy and the air is too polluted.*

_____

III. Vocabulario

A. Proverbios y refranes históricos

Observe la tira cómica individualmente o con tres o cuatro compañeros. Escriba sus comentarios en una hoja aparte para compartirlos luego en clase o comparta sus observaciones con sus compañeros.

- ¿Qué frases usaría para completar «¡Que llueva, que llueva...!».
- ¿Dónde ha escuchado ese popular estribillo?
- ¿Cómo lo aprendió?
- ¿Lo cantaba en su infancia? ¿En qué ocasiones? ¿Con quién?
- ¿Cantaba otros? ¿Cuáles?

Se pueden usar diferentes versiones para completar «¡Qué llueva, qué llueva...!». Una de ellas es:

> ... Los pajaritos cantan,
> la luna se levanta.

Existen innumerables versiones de estos versos. Eso se debe a que pertenecen a la tradición popular y se transmiten de generación en generación a través de la lengua hablada.

Como vimos en el Capítulo 3, el idioma español es sumamente rico en toda clase de proverbios, máximas, aforismos y dichos populares. Algunos de los proverbios y refranes han surgido de hechos históricos, y muchos han quedado incorporados en obras literarias famosas. En la novela de Miguel de Cervantes, *Don Quijote de la Mancha*, por ejemplo, Sancho Panza utiliza constantemente toda clase de refranes populares, práctica que irrita mucho a Don Quijote, pero que es una de las características que hace la lectura de este libro tan amena y divertida. ¿Ha leído algo de Cervantes alguna vez? Los refranes históricos surgieron en una época o momento histórico determinado, pero nunca perdieron actualidad y se siguen usando hoy en día aun fuera de su contexto original.

A continuación se presentan algunos refranes históricos. Léalos con cuidado para poder realizar los ejercicios que siguen.

REFRANES HISTÓRICOS

1. Con latín, rocín y florín, andarás el mundo.
2. Cual es el rey, tal es la grey.
3. Dad al César lo que es del César, y a Dios lo que es de Dios.
4. Hay moros en la costa.
5. Italia para nacer, Francia para vivir, España para morir.
6. Más mató la cena que curó Avicena.
7. Todos los caminos conducen a Roma.

Práctica

1. A continuación hay una lista de explicaciones para cada refrán. Léala individualmente o en un grupo de tres o cuatro estudiantes. Identifique(n) el refrán al que corresponde cada explicación, de acuerdo al número con el que aparece en la tabla. Comparen sus respuestas con las de sus compañeros.

   a. Avicena fue un famoso filósofo y médico árabe del siglo X. Parece que su libro *Canon de la Medicina* no fue muy eficaz en la cura de enfermedades.

   b. Se refiere al conflicto entre la iglesia y el estado sobre el control de los ciudadanos. Los bienes materiales son asunto del estado o de la monarquía, los espirituales incumben a la iglesia.

c. En esta ciudad reside el Papa, figura poderosísima y muy influyente en los asuntos de España por mucho tiempo.

d. Los árabes ocuparon la península de 711 a 1492. En los siglos XVI y XVII España sufrió muchos ataques de la flota del emperador turco y de los corsarios del norte de África. Todos ellos eran musulmanes y se les designaba en general como «moros». Los españoles los consideraban sus enemigos.

e. España, en siglos pasados, se consideraba un país muy católico, y por consiguiente, un sitio propicio para ser enterrado.

f. Entre los reyes españoles del pasado hubo monarcas apáticos, poco brillantes en política y algo débiles de carácter. La nobleza imitaba al rey, y el pueblo bajo o la grey seguía los dictados de la nobleza.

g. El **latín** era la lengua internacional en la Edad Media y en el Renacimiento, el caballo (**rocín**) era el medio de transporte y el **florín** era la moneda de oro, muy apreciada en épocas del pasado.

2. Conteste con un(a) compañero(a) o en un grupo de tres o cuatro estudiantes las preguntas que siguen. **La letra de cada pregunta corresponde al número de cada refrán de la tabla.** Puede contestar también por escrito en una hoja aparte.

a. ¿Cómo se podría usar este refrán hoy en día? ¿Qué términos usarían para actualizarlo?

b. ¿Qué aplicación se le podría dar a este refrán en la vida moderna?

c. ¿Existe aún esta distinción en la vida actual? ¿Cómo se podría aplicar este refrán en los Estados Unidos hoy? ¿Y en su comunidad?

d. ¿En qué situaciones se podría usar hoy este refrán? ¿En qué situaciones lo ha escuchado? ¿Por qué sería ofensivo este refrán para una persona árabe?

e. ¿Es esta ecuación válida hoy? ¿Qué países escogería usted para reemplazar a los del refrán?

f. ¿Cree que este proverbio se puede relacionar con la forma de vida actual de los Estados Unidos? ¿Cómo?

g. ¿Qué ciudad de los Estados Unidos es el equivalente de Roma hoy día? ¿Cuál sería el significado moderno de este refrán? ¿Lo podría usted relacionar con la tecnología? ¿Cómo?

B. Proverbios literarios

Muchas obras literarias contienen frases ingeniosas que expresan un juicio, un consejo o una advertencia. En estos casos los proverbios son de un autor determinado, cuya creación ha sido tan certera, que ha sido adoptada por el pueblo, y ha pasado a formar parte del lenguaje oral. Lea individualmente o con un(a) compañero(a) los proverbios que siguen.

Nuevos mundos Cuaderno © 2012 John Wiley & Sons, Inc.

PROVERBIOS LITERARIOS

Lo bueno, si breve, dos veces bueno. (Baltasar Gracián, 1601–1658)

Sé padre de las virtudes y padrastro de los vicios.
(Miguel de Cervantes, 1547–1616)

Pasar la noche en vela. (Miguel de Cervantes, 1547–1616)

Es peligroso tener alas en el corazón. Vale más tenerlas en los ojos.
(Eugenio d'Ors, 1882–1954)

En estas tres cosas debe meditar el hombre siempre: en saber bien, en decir bien y en hacer bien. (Juan Luis Vives, 1492–1540)

Sólo tiene el que tiene y no gasta. Y quien tiene poco tiene algo. Y si tiene dos algos, más es. Y si tiene dos mases, tiene mucho. Y si tiene dos muchos es rico.
(Francisco de Quevedo, 1580–1645)

Si al comienzo no muestras quién eres, nunca podrás después, cuando quisieres.
(Infante Don Juan Manuel, 1282–1348)

A buen entendedor, pocas palabras bastan. (Baltasar Gracián, 1601–1658)

Hacer de Celestina. (Fernando de Rojas, 1470–1541)

Práctica

1. ¿A cuáles de los autores citados conoce? ¿Qué sabe de ellos? Comparta la información que tiene sobre los autores con el resto de la clase.

2. Junto con un(a) compañero(a) escoja dos o tres de los refranes anteriores. En una hoja aparte, preparen una breve explicación por escrito de los proverbios escogidos. Preséntele su trabajo oralmente a la clase.

3. En grupos de tres o cuatro estudiantes escojan dos o tres de los refranes anteriores. Imagínense una situación de la vida universitaria en la que se pudiera aplicar cada uno de ellos. Compartan sus situaciones con el resto de la clase, o preséntenlas como minidramas.

 ## C. ¿Cómo dijo? ¿Cómo hablan los jóvenes españoles?

El lenguaje de los jóvenes españoles cambia constantemente. Su jerga especial se ve enriquecida con palabras provenientes del caló (idioma gitano) o del mundo de la música, la tecnología y los deportes. Es el mismo dinamismo que se observa en el lenguaje de los jóvenes de los Estados Unidos. Lea individualmente o con un(a) compañero(a) estas palabras y expresiones del lenguaje juvenil que, a través de los medios de difusión, llegan a toda la comunidad hispanohablante.

El argot (*slang*) de la juventud española

alucinante (alucinado)	impresionante (impresionado)
bocata	sándwich
borde	antipático, brusco, desagradable
cachondeo	juerga, diversión
cantidad	mucho
chachi	estupendo
coco	cabeza
comerse el coco	preocuparse mucho por algo
currar	trabajar
enrollar	gustar mucho
enrollarse	meterse en algo
estar colgado	estar sin amigos, sin dinero
follón	lío, enredo
gachó, gachí	hombre, mujer (algo despectivo)
guai	excelente, divino
hortero(a)	cursi, de mal gusto
ligar	conquistar con fines sexuales
ligue	conquista, cita
marchoso(a)	que le gusta salir y divertirse
mogollón	una gran cantidad, mucho
pasar de todo	no preocuparse seriamente de nada
pasarlo bomba	divertirse mucho
pasota	persona a la que nada le importa
pasta	dinero
pela	peseta, dinero
tener cara (dura)	ser desvergonzado
tener morro	tener atrevimiento, descaro
tío(a)	persona, amigo(a)
tirado	fácil

Práctica

1. Después de la lectura, divida las palabras o expresiones en cinco listas en una hoja aparte:

   a. para hablar favorablemente de alguien

   b. para hablar negativamente de alguien

   c. para describir una situación favorable

   d. para describir una situación desfavorable

   e. para usar en un restaurante

   Comparta su lista con un grupo de tres o cuatro estudiantes. Comenten qué palabras en común tienen sus listas.

Nuevos mundos Cuaderno

2. Comente en un grupo de tres o cuatro estudiantes lo siguiente:
- si ha(n) escuchado ese modismo alguna vez.
- si lo ha(n) escuchado pero con otro significado.
- qué otra expresión o expresiones conoce(n) para expresar lo mismo.

Comparta(n) sus observaciones con el resto de la clase.

IV. Exploración y comunicación

Con ayuda de su profesor(a), localice las siguientes regiones en un mapa de España. Escoja una de estas regiones:

Castilla-La Mancha	Asturias	Galicia
Cantabria	Navarra	Aragón
País Vasco	Murcia	La Rioja
Andalucía	Extremadura	Valencia

Busque información en la biblioteca o en la red (en periódicos de España, por ejemplo) sobre algún tema de la región escogida. Cada una de las regiones españolas tiene mucho que ofrecer: su histora, sus tradiciones culturales, sus fiestas, sus bailes, su manera de ser, sus comidas típicas, sus costumbres. Por ejemplo, si selecciona el País Vasco, puede escribir sobre el vascuence o vasco, la lengua que se habla en esa zona, llamada también *euskera*.

Después de escoger una región y leer la información correspondiente, escriba dos o tres párrafos que resuman lo investigado. Si prefiere, haga un resumen de una noticia o reportaje que haya leído sobre la región escogida.

V. Para terminar

Escriba ahora en una hoja aparte un párrafo sobre la cita de Milton Azevedo al comienzo del capítulo o comparta sus ideas sobre la misma con un(a) compañero(a) o un grupo de tres o cuatro estudiantes.

Los derechos humanos

Lea esta cita y piense en ella mientras trabaja en este capítulo. ¿Cómo puede relacionar las ideas de la cita con su propia experiencia? Al terminar el capítulo escriba un breve párrafo sobre el tema o comparta sus ideas con sus compañeros de clase.

Escribimos en América Latina porque es la única manera que conocemos para no desaparecer o para dar testimonio de los desaparecidos por la política y el hambre. Escribimos para que sepan que durante un espacio de tiempo y luz —un lapso, dirían los científicos— vivimos sobre la tierra… Escribimos en América Latina para reclamar un espacio, para descubrirnos ante los demás, ante la comunidad humana, para que nos vean, para que nos quieran, para integrar la visión del mundo, para adquirir alguna dimensión, para que no se nos borre con tanta facilidad. Escribimos para no desaparecer.[1]

— Elena Poniatowska, periodista, cuentista y novelista mexicana

I. Ortografía

A. La r y la rr

Lea en voz alta, individualmente o con un(a) compañero(a), esta popular canción infantil.

> Arroz con leche
> se quiere casar
> con una señorita
> de este lugar,
> que sepa coser,
> que sepa bordar,
> que sepa la tabla
> de multiplicar.

- Lea(n) nuevamente la canción y observe(n) el sonido de la r y de la **rr**.
- ¿Qué diferencia hay entre el sonido de la *r* en *arroz* y en *señorita?*
- ¿Qué parecido hay entre el sonido de la *r* en *señorita* y en *lugar?*
- ¿Qué otras letras hay en la canción con el mismo sonido de la *r* de *lugar?*

Lo que ha(n) observado al leer la canción se debe a que la letra *r* tiene dos sonidos: uno simple, o suave, y otro múltiple, o fuerte. Los dos sonidos de la *r* se producen en la palabra *recordar,* donde la primera *r* es fuerte y la segunda y la tercera son suaves.

---

[1]Poniatowska, Elena. De "Mujer y literatura en América Latina", *Eco*, Bogotá, Colombia. Volumen III, Número 3, 1983.

B. Usos de la r y la rr

La letra r:

La letra r tiene un sonido suave (limpiar, puerto, Fernando, arte, externo, caro) y otro fuerte (**r**oca, **r**oto, **r**ey, Is**r**ael, en**r**edo, etc.).

1. El sonido suave de la letra r se produce:

   - cuando se encuentra en una posición intermedia entre vocales (parada, ahora, coro, pero, mirar).

   - cuando se encuentra entre una vocal y una consonante que no sean *l*, *n*, o *s* (orden, organismo, forzado, hermano, masacre, pobre, maestro).

   - cuando se encuentra al final de una palabra (hogar, abusar, escritor, hacer, amor).

2. El sonido fuerte de la letra r se produce:

   - cuando se encuentra al principio de una palabra (**r**ío, **r**eto, **r**ama, **r**ico, **r**opa, **R**aúl, **r**ufián).

   - después de las consonantes *l*, *n*, o *s* (al**r**ededor, hon**r**adez, is**r**aelí, en**r**edar, en**r**iquecerse).

3. La **rr** siempre tiene un sonido fuerte:

   - entre vocales (corrida, barro, arresto, horror, gorra, cachorro).

   - en las palabras con el prefijo *i* (irracional, irritante, irrompible).

   - en las palabras compuestas cuando el primer vocablo termina en vocal, y el segundo comienza con *r* (contrarreforma, pararrayo, antirrobos, matarratas).

Práctica

1. Llene los espacios en blanco con la *r* o la *rr*, según corresponda.

bo___amos	á___abe	ba___as
e___o___es	a___ullos	gua___ecerse
a___ebatar	gua___do	he___adura
En___ique	va___as	peli___oja
guarda___opa	co___upto	i___isorio

2. Complete las palabras con la *r* o la *rr* para que las oraciones tengan sentido.

   a. El te___eno estaba lleno de ho___migas b___avas aquella mañana.

   b. Ce___ó el po___tón de la g___anja y se di___igió a la casa del ge___ente.

   c. Aunque el trabajo du___ó cinco jo___nadas, no se log___ó te___mina___ la faena.

   d. La ba___aca es ___oja y g___is, con g___andes ventanas ama___illas.

   e. Los nuba___ones apa___ecie___on a___iba del ___ío; luego llovió a cánta___os.

f. Se en___ojeció cuando no pudo subi___ el ce___o en el ca___o nuevo de marchas.

g. No se pe___dió ni una palab___a del discu___so del sindicalista mine___o.

h. El cie___vo se cayó del puente y se hundió en la ___ápida co___iente ba___osa.

i. Nos cogie___on unas lluvias to___enciales. Fue una ta___de ho___enda.

j. Los he___idos viaja___on en el vagón del fe___oca___il gris.

C. Parónimos con la r y la rr

Se consideran **parónimos** los vocablos que tienen semejanza fonética, es decir que se pronuncian de manera parecida, pero cuyo significado es distinto. Lea individualmente o con un(a) compañero(a) la siguiente lista de parónimos con la *r* y la **rr**. Agregue(n) otros ejemplos a los presentados.

ahora (*now*) / **ahorra** (*he/she saves; imperative*)
    Ahora mismo nos vamos a la playa, porque hace un día precioso.
    Ahorra todo el dinero que puedas si quieres hacer el viaje.

caro (*expensive*) / **carro** (*car, cart, carriage*)
    Este producto es demasiado **caro** para mi bolsillo.
    Se me quedaron los libros en el **carro**.

cero (*zero*) / **cerro** (*hill*)
    Si multiplicas por **cero** el resultado es siempre **cero**.
    Sobre el **cerro** se levantan unas cabañas rústicas.

enterar (*to inform, to come to know*) / **enterrar** (*to bury*)
    No me quiero ni **enterar** de lo que pasó ayer.
    Los piratas solían **enterrar** sus tesoros en un lugar secreto.

foro (*forum, tribunal*) / **forro** (*lining, cover*)
    El **foro** de la antigua Roma era una especie de plaza pública.
    El **forro** de mi cuaderno de física ya está gastado.

mira (*he/she looks; imperative*) / **mirra** (*myrrh*)
    Ella **mira** como diez horas de televisión al día.
    La **mirra** es un jugo lechoso y aromático producido por una planta.

moral (*moral, ethics*) / **morral** (*knapsack*)
    La **moral** de la época victoriana en Inglaterra era muy estricta.
    En el **morral** llevo todos los alimentos para la excursión.

querían (*they wanted*) / **querrían** (*they would like*)
    Los manifestantes **querían** saber la verdad sobre el destino de sus hijos.
    Si pudieran escoger, ellos **querrían** justicia y libertad de palabra.

Práctica

1. ¡Use la imaginación! Escoja cinco palabras de la lista anterior y úselas para escribir un párrafo.

_____

_____

_____

_____

_____

_____

2. Trabaje con un grupo de tres o cuatro compañeros. Lean los párrafos que ha escrito cada uno(a) en la actividad anterior. Escojan el más imaginativo. Léanselo a toda la clase.

3. Estas tres palabras tienen un parónimo con la **rr**. Escríbalo. Luego, busque el significado de las palabras que no conozca en el diccionario si es necesario. En una hoja aparte, escriba una oración, usando cada par de parónimos.

coro / _____

para / _____

pero / _____

II. Gramática

EL FUTURO Y EL CONDICIONAL

El **futuro** y el **condicional** son tiempos verbales del indicativo. El futuro indica el momento (posterior al presente) en el que se realizará la acción, mientras el condicional indica de qué manera o bajo que condición se realizará.

Observe estos ejemplos:

En pocos días **arrestarán** a todos los opositores. (*futuro*)
Arrestarían a todos los opositores si pudieran. (*condicional*)

El uso del futuro en español es muy parecido al del inglés:

Iremos a comer fuera esta noche.
We will eat out tonight.

En español es también muy común el uso del verbo **ir + a + infinitivo del verbo** para expresar el futuro:

Vamos a comer fuera esta noche.
We are going to eat out tonight.

A. Formas regulares e irregulares del futuro

1. Verbos regulares

En la tabla siguiente se observan tres verbos cuya conjugación en el futuro es regular.

protestar	romper	vivir
protestar**é**	romper**é**	vivir**é**
protestar**ás**	romper**ás**	vivir**ás**
protestar**á**	romper**á**	vivir**á**
protestar**emos**	romper**emos**	vivir**emos**
protestar**án**	romper**án**	vivir**án**

Para formar el futuro de los verbos regulares basta con agregar al infinitivo del verbo la terminación indicada **en negrita** en la tabla.

2. Verbos irregulares

Lea individualmente o con un grupo de tres o cuatro estudiantes la lista de verbos irregulares en el futuro que se ve a continuación. Forme(n) cinco o seis frases en el futuro con los verbos. Puede(n) hacerlo oralmente o por escrito, en una hoja aparte.

Ejemplos: ¿**Podrás** venir mañana?
Sí, creo que **tendré** tiempo para hacerlo.

caber:	cabré, cabrás, cabrá, cabremos, cabrán
decir:	diré, dirás, dirá, diremos, dirán
haber:	habré, habrás, habrá, habremos, habrán
hacer:	haré, harás, hará, haremos, harán
poder:	podré, podrás, podrá, podremos, podrán
poner:	pondré, pondrás, pondrá, pondremos, pondrán
querer:	querré, querrás, querrá, querremos, querrán
saber:	sabré, sabrás, sabrá, sabremos, sabrán
salir:	saldré, saldrás, saldrá, saldremos, saldrán
tener:	tendré, tendrás, tendrá, tendremos, tendrán
valer:	valdré, valdrás, valdrá, valdremos, valdrán
venir:	vendré, vendrás, vendrá, vendremos, vendrán

Nota: Observe(n) que en los verbos derivados de los anteriores el futuro se forma de la misma manera. Ejemplos: **detener** - detendrá, **mantener** - mantendrá, **deshacer** - deshará, **desdecir** - desdirá, **posponer** - pospondrá.

Práctica

1. Cambie al futuro los verbos subrayados de las siguientes oraciones y vuelva a escribirlas.

    Ejemplo: No puedo darte la respuesta hasta la semana próxima.

    No podré darte la respuesta hasta la semana próxima.

    a. Se lo dice en voz baja porque es un secreto.

    _____

    b. No tienen tiempo ni ganas de escuchar las quejas de nadie.

    _____

    c. No lo hacemos si no nos explicas las razones.

    _____

    d. ¿Vienes a visitarme pronto?

    _____

    e. Me parece que saben lo que les espera.

    _____

    f. ¿Cuánto valen las pinturas que están en exposición?

    _____

    g. Hay más de cien mil personas en la manifestación.

    _____

    h. ¡Quieren la liberación de los prisioneros!

    _____

2. Complete las oraciones siguientes con el futuro de los verbos indicados entre paréntesis según corresponda.

    a. Si siguen arrestando ciudadanos no _____ (caber) ya más presos en las cárceles.

    b. ¿ _____ (querer/ellos) que todo el pueblo esté sujeto a los caprichos del gobierno?

c. Pienso que a nadie se le _____ (dar) la oportunidad de defenderse legalmente.

d. ¿Qué _____ (hacer/ellos) con todos los ciudadanos que detienen?

e. Nos _____ (poner/ellos) a todos en la misma cárcel.

f. _____ (haber) más gente en la cárcel que afuera.

g. Y luego _____ (decir/ellos) que en el país hay libertad de expresión.

h. Nosotros _____ (salir) a la calle para protestar.

i. Me parece que la protesta no _____ (valer) para nada.

j. ¿Te parece que _____ (venir) gente de otros países para liberarnos?

B. Formas regulares e irregulares del condicional

1. Verbos regulares

En la siguiente tabla hay tres verbos cuya conjugación en el condicional es regular.

protestar	romper	vivir
protestar**ía**	romper**ía**	vivir**ía**
protestar**ías**	romper**ías**	vivir**ías**
protestar**ía**	romper**ía**	vivir**ía**
protestar**íamos**	romper**íamos**	vivir**íamos**
protestar**ían**	romper**ían**	vivir**ían**

Para formar el condicional de los verbos regulares basta con agregar la terminación indicada en la tabla **en negrita** al infinitivo del verbo.

2. Verbos irregulares

Lea individualmente o con un grupo de tres o cuatro estudiantes la lista de verbos irregulares en el condicional que se ve a continuación. Compáre(n)los con los verbos irregulares en el futuro. ¿En qué se parecen y en qué se diferencian?

caber:	cabría, cabrías, cabría, cabríamos, cabrían
decir:	diría, dirías, diría, diríamos, dirían
haber:	habría, habrías, habría, habríamos, habrían
hacer:	haría, harías, haría, haríamos, harían
poder:	podría, podrías, podría, podríamos, podrían
poner:	pondría, pondrías, pondría, pondríamos, pondrían

querer:	querría, querrías, querría, querríamos, querrían
saber:	sabría, sabrías, sabría, sabríamos, sabrían
salir:	saldría, saldrías, saldría, saldríamos, saldrían
tener:	tendría, tendrías, tendría, tendríamos, tendrían
valer:	valdría, valdrías, valdría, valdríamos, valdrían
venir:	vendría, vendrías, vendría, vendríamos, vendrían

Nota: Como en el caso del futuro, en los verbos derivados de los anteriores el condicional se forma de la misma manera.

Ejemplos: **detener** - detendría, **mantener** - mantendría,
deshacer - desharía, **desdecir** - desdiría, **posponer** - pospondría

C. Usos del condicional

Como se dijo al principio del capítulo, el condicional indica de qué manera o bajo qué condición se realizará la acción. En general el uso del condicional en español es el mismo que en inglés e indica algo que ocurriría por alguna razón o circunstancia.

Inés **se escaparía** de Cuba por balsa, pero tiene miedo de ahogarse en el mar.

Inés would escape from Cuba in a raft, but she is afraid of drowning at sea.

A continuación se presentan los usos principales del condicional. Léalos individualmente o con un(a) compañero(a). Trate(n) de agregar sus propios ejemplos a los ejemplos dados.

Usos del condicional

a. **Para expresar una acción posible, pero que no se realiza.**
Yo **comería** un pedazo del pastel, pero acabo de almorzar hace unos minutos.
I would eat a piece of the pie, but I just had lunch a few minutes ago.

b. **Para expresar una acción que depende de una condición para realizarse.**
Daniel **hablaría** más español si visitara a sus tíos y primos en Lima.
Daniel would be able to speak more Spanish if he visited his uncles and cousins in Lima.

c. **Para expresar una acción en el futuro en un contexto pasado (discurso indirecto).**
Mi padre me dijo que nos **mudaríamos** a El Paso, Texas.
My father told me we would be moving to El Paso, Texas.

d. **Para suavizar pedidos y expresarse más cortésmente.**
¿**Podría** usted decirme la hora?
Would you mind telling me the time?

¿Me **permitiría** usar el teléfono un segundo?
Could you let me use the phone for a second?

Práctica

1. Vuelva a escribir las siguientes oraciones, usando el condicional.

   a. Carmen no deja a su familia en Guatemala por nada del mundo.

   _____

   b. Además, no le gusta vivir en los Estados Unidos.

   _____

   c. Su madre prefiere quedarse con sus parientes en el campo.

   _____

   d. Yo tampoco puedo soportar la incertidumbre de la situación política.

   _____

   e. Mis sobrinos están muy contentos en Los Ángeles, pero sólo de visita; no para vivir.

   _____

   f. ¿Me puedes ayudar, por favor?

   _____

   g. ¿Tienes tiempo de terminar esto para mañana?

   _____

   h. ¿Cambias de opinión para hacerme feliz?

   _____

2. Lea las situaciones que siguen individualmente o con un(a) compañero(a). Escoja(n) tres. Comente lo que haría en cada situación, usando el condicional. Puede escribir sus respuestas en una hoja aparte o compartir sus ideas con la clase.

   a. Dos hombres vestidos de civil golpean su puerta y dicen ser policías. Preguntan si su hermano está en casa.

   b. Usted está de viaje y le roban su pasaporte, su boleto de vuelta y todo su dinero.

   c. Usted está caminando por la noche en el centro de la ciudad y ve a un niño durmiendo en un portal con un cartel pidiendo limosna.

d. Está casado(a) con un(a) activista político(a) de otro país. Su pareja viaja a su país natal por una semana. Pasan dos semanas y usted no sabe nada de él(ella).

e. Frente al supermercado, usted ve que dos muchachos adolescentes le roban la bolsa de compras a una anciana.

f. Está de turista en Miami. Es de noche y usted conduce solo(a) en su auto alquilado, en un barrio que parece ser peligroso. Choca con un camión. No hay heridos, pero su auto no anda.

3. Exprese su opinión sobre los siguientes temas. Use el condicional en sus respuestas.

Ejemplo: ¿Su comunidad necesita tener más protección policial o debe reducir la fuerza policial?

La fuerza policial debería reducirse; de esa forma no pagaríamos

tanto dinero para mantenerla.

a. ¿Debe haber más derechos civiles o mayor intervención del gobierno en la vida privada?

_____

_____

_____

b. ¿Se necesitan más leyes en contra del derecho de portar armas?

_____

_____

_____

c. ¿Tiene que abolirse la pena de muerte como castigo e imponerse en su lugar la cadena perpetua?

_____

_____

_____

D. El futuro y el condicional para expresar probabilidad

En español se puede expresar probabilidad por medio del futuro. El futuro indica en este caso una suposición o una conjetura sobre algo que tiene lugar en el presente. En inglés se suelen usar las expresiones *I wonder, probably, could be, must be* para expresar la misma idea. Compare estos ejemplos en español y en inglés:

María nunca sale de noche. **Tendrá** miedo.
*Maria never goes out at night. She **must be** afraid.*

Juan siempre se levanta con dolor de estómago. **Estará** enfermo.
*Juan always wakes up with a stomach ache. He **must be** sick.*

Tendrá como 100 años.
*She **is probably** about 100 years old.*

Así como en español se usa el futuro para expresar probabilidad en el presente, el condicional puede usarse para expresar una suposición o una conjetura respecto al pasado. ¡OJO!

María nunca salía de noche. **Tendría** miedo.
*María never went out at night. She **must have been** afraid.*

Juan siempre estaba con dolor de estómago; **debería** tener una úlcera.
*Juan would always have a stomach ache; he **probably had** an ulcer.*

Tendría como 100 años cuando se murió.
*She **must have been** about 100 years old when she died.*

Práctica

Exprese probabilidad en estas situaciones, usando el **futuro** o el **condicional** según sea apropiado. Escriba sus respuestas en una hoja aparte. Comparta sus respuestas con otros compañeros.

Ejemplo: Tocan a la puerta. Usted no sabe quién es.

¿Quién será?

1. La policía militar arrestó a varios ciudadanos. A usted le pareció que no tenían la culpa de nada.

2. La sala es muy pequeña. Usted se pregunta si hay lugar para todos.

3. Su amigo(a) tiene un examen el viernes. Usted no sabe si puede ir o no a la manifestación.

4. Pusieron a los prisioneros en un camión. Usted no tiene idea de dónde los llevaron.

5. Creía que los transportaban a un lugar aislado (*isolated*).

6. Su madre no contesta el teléfono durante varios días. Usted no sabe qué le pasa.

7. El examen es muy difícil. Usted no cree que sus compañeros sepan todas las respuestas.

8. Había una dictadura en el país donde vivía su familia. Usted no sabe si estaban escondidos.

A. Sinónimos, antónimos y parónimos

1. Los sinónimos son palabras cuyo significado es igual o similar. Los sinónimos nos ayudan a expresarnos más eficaz y claramante. Existen diccionarios de sinónimos que representan valiosos instrumentos de consulta, tan imprescindibles como los de la lengua.

   A lo largo de su libro de texto se encuentran innumerables ejemplos de sinónimos en las palabras glosadas de las selecciones literarias. En "Los mejor calzados" (p. 154), por ejemplo, puede ver:

   rengo: cojo

   tronchar: cortar, impedir

   baldío: terreno sin cultivar

   cambio: canje

   Todos los anteriores son ejemplos de sinónimos.

Práctica

1. Busque los sinónimos de las siguientes palabras del cuento "Los mejor calzados" (página 177 de *Nuevos mundos*). Escríbalos en el espacio correspondiente. Comparta sus respuestas con sus compañeros.

mendigo _____	lograr _____
familiar _____	ocultar _____
deteriorar _____	ocurrir _____
encontrar _____	ropa _____
orificio _____	sufrir _____
propietario _____	instalar _____

2. A continuación hay una lista de doce palabras. Busque un sinónimo para cada una de ellas en las palabras que aparecen en las columnas. Escoja cinco de las palabras de las columnas y escriba una oración con cada una de ellas.

   luz / violación / hermoso / viaje / propósito / aseado / reñir / desafecto / furia / traicionar / residuos / notable

   Ejemplo: notable *eminente*
   Ariel Dorfman es un poeta, dramaturgo y periodista <u>eminente</u>.

lumbre	eminente	pelear	infracción
limpio	delatar	sobras	guapo
travesía	designio	desapego	cólera

a. _____

b. _____

c. _____

d. _____

e. _____

3. Lea las oraciones que siguen. Luego, escoja de la lista de palabras a continuación un sinónimo apropiado para cada una de las palabras subrayadas. Vuelva a escribir cada oración con el sinónimo adecuado. Haga los cambios necesarios.

porvenir / retirada / emborracharse / señal / permanente / aroma / desacierto / insolente / aviso / acometida / poco / morosa / desmayarse / pasajero / hierro / secreto / público

a. El teniente ordenó el <u>repliegue</u> de sus tropas.

_____

b. La <u>contraseña</u> en la pared de la celda es sin duda <u>imborrable</u>.

_____

c. Tu <u>yerro</u> nos causará grandes problemas en el <u>futuro</u>.

_____

d. La señora se mostró <u>petulante</u> en el manejo de ese asunto <u>clandestino</u>.

_____

e. El guardia se <u>embriagó</u> con el <u>olor</u> de esa sustancia.

_____

2. Los **antónimos**, a diferencia de los sinónimos, expresan un concepto opuesto. La razón de su uso no es presentar una similaridad u opción posible como en el caso de los sinónimos, sino la de expresar un contraste (bello versus feo, por ejemplo).
Los siguientes son ejemplos de antónimos:

amor: odio

mostrar: ocultar

paciencia: impaciencia

rapidez: lentitud

tristeza: alegría

Práctica

1. Busque los antónimos de las siguientes palabras que vienen del cuento "Espuma y nada más". Escríbalos en el espacio correspondiente. Comparta sus respuestas con sus compañeros.

    mendigo _____   lograr   _____

    mejor   _____   se quitaba   _____

    encima _____   deshaciendo _____

    calor   _____   poco   _____

    empecé _____   muertos   _____

    pagando _____   atrás   _____

    desnudos _____   concluía   _____

2. Sustituya las palabras subrayadas de las oraciones siguientes por sus antónimos. Escoja de la lista a continuación el término que invierta el significado de cada una de las afirmaciones de la forma más radical. Haga los cambios que sean necesarios. Luego vuelva a escribir la oración usando el antónimo escogido.

    placer / endurecer / satisfacción / imparcial / diligencia / complacencia / validez / suave / dúctil / extasiado / burdo / banal / descansado / parcial / burla / inconsecuente / superior / supremo / relajar / tensar / activo / flemático / correcto / dicha / nimio / jefe / comportamiento / resuelto

    Ejemplo: Manuel se mostró absolutamente <u>entusiasta</u>.

    Manuel se mostró absolutamente <u>flemático</u>. _____

    a. El general <u>suavizó</u> la <u>tensa</u> postura del cuerpo.

        _____

    b. Se sentía <u>agotado</u> en extremo, debido a la <u>ineficiencia</u> de sus <u>subordinados</u>.

        _____

    c. Es <u>importante</u> conocer los resultados de la investigación.

        _____

    d. El <u>desagrado</u> de la prisionera se le notó en el rostro.

        _____

e. El funcionario del gobierno no era ni <u>temeroso</u> ni <u>neutral</u>.

_____

3. Se consideran **parónimos** los vocablos que tienen semejanza fonética, es decir, que se pronuncian de manera parecida, pero cuyo significado es distinto. Como los parónimos tienen significados diferentes, debido a su pronunciación y escritura similares, pueden causar confusión.

Práctica

De la siguiente lista escoja el parónimo que mejor corresponda a la palabra o expresión subrayada en cada oración. Vuelva a escribir cada oración con dicho parónimo. Haga los cambios que sean necesarios para que la oración no contenga errores.

Ejemplo: La habían <u>insultado</u> con sus palabras ofensivas.

La habían denostado con sus palabras ofensivas.

cotejar / cortejar	(_to compare / to court_)
denotar / denostar	(_to indicate / to insult, abuse_)
espiar / expiar	(_to spy / to expiate_)
estirpe / extirpe (subj.)	(_lineage / to uproot_)
flagrante / fragante	(_flagrant / aromatic_)
mentor / mentón	(_counselor / chin_)

a. La policía <u>vigilaba en secreto</u> todas las actividades de los ciudadanos.

_____

b. Fernando <u>está saliendo con</u> Luisa desde el verano pasado.

_____

c. Estamos orgullosos de tener <u>antepasados</u> tan ilustres.

_____

d. Le sangra mucho <u>la barbilla</u> por un golpetazo que le dio el guardia.

_____

e. El salón está <u>perfumado</u>; hay una gran cantidad de rosas.

_____

B. El lenguaje figurado

Se dice que el lenguaje es **figurado** cuando expresa una idea a través de otra por medio de una comparación o un contraste para enriquecer o animar la expresión. Aunque a los distintos tipos de lenguaje figurado se les da el nombre de **recursos literarios**, estos no pertenecen sólo a la literatura, sino que también tienen lugar frecuentemente en la lengua hablada. Lea la tabla que sigue, individualmente o con un grupo de tres o cuatro compañeros. Trate(n) de agregar sus propios ejemplos.

metáfora	Comparación entre dos cosas diferentes para destacar una cualidad especial de una de ellas. Como el segundo término de la comparación no se presenta, el lector o la persona que escucha debe hacer la asociación. **Ejemplos:** «Les arrancan <u>las ideas de raíz</u>». (Las ideas se comparan con un árbol o una planta). «Esa <u>tristeza que nos inunda</u> de súbito...» (La tristeza se compara con una corriente de agua).
símil	Una comparación en la que se introduce el segundo término por medio de *tan, como* o *igual*. **Ejemplos:** «Tenía el pelo rubio <u>como el oro</u>». «Esa sinrazón de la amargura... <u>como una mancha oscura</u> que crece...»
analogía	Explicación de una situación comparándola con otra ya conocida. Suele extenderse a más de dos o tres oraciones. **Ejemplos:** «Estamos viviendo un momento igual al de la década de 1950: los jóvenes...»
eufemismo	Rodeo de palabras para expresar una idea por medio de otra que la suavice o la haga menos violenta o impertinente. **Ejemplos:** «<u>Pasó al otro mundo</u>». (Se murió). «... a sus propietarios <u>no se les deja llegar demasiado lejos en la vida</u>». (Los matan).
hipérbole	Exageración que distorsiona una imagen y aumenta sus proporciones. **Ejemplos:** «Es <u>más viejo que Matusalén</u>». «Hace <u>un calor de todos los demonios</u>». «...y siguen hasta que <u>todo es un mar de sangre</u>».

Práctica

Escoja una de las selecciones literarias del Capítulo 6 de su libro de texto. Busque ejemplos de lenguaje figurado en la selección escogida. Escriba sus ejemplos en la siguiente tabla. En caso de no encontrar ejemplos en la selección de algunos de los tipos de lenguaje descritos, dé ejemplos de la lengua hablada. Comparta sus ejemplos en un grupo de tres o cuatro estudiantes. Pueden escoger los mejores ejemplos presentados para leer en clase.

Selección escogida: _____

Lenguaje figurado

Metáforas: _____
_____
_____
_____
_____
_____

Símiles: _____
_____

Analogías: _____
_____

Eufemismos: _____
_____

Hipérboles: _____
_____
_____

IV. Exploración y comunicación

Lectura voluntaria e intercambio. Escoja una de las obras sugeridas a continuación u otra de la lista de *Unos pasos más* del Capítulo 6 de su libro de texto. Lea un mínimo de 10 páginas. Si le interesa la lectura, ¡siga leyendo! Luego comparta su experiencia, en español, con un grupo de compañeros de clase. Relate de qué se trata lo que ha leído y exprese su opinión sobre la lectura.

Manlio Argueta. *Un día en la vida*. Ciudad Universitaria Rodrigo Facio, Costa Rica: Editorial Universitaria Centoamericana, 1987.

Ariel Dorfman. *Heading South, Looking North: A Bilingual Journey*. New York: Farrar, Strauss and Giroux, 1998.

Rigoberta Menchú. *Crossing Borders*. New York: Verso, 1998.

Rigoberta Menchú. *Me llamo Rigoberta Menchú*. Con Elizabeth Burgos Debray. Habana, Cuba: Casa de las Américas, 1983.

Alicia Partnoy. *The Little School: Tales of disappearance and survival in Argentina*. Pittsburgh, PA: Cleis Press, 1986. [*La escuelita*]

Elena Poniatowska. *La noche de Tlatelolco: Testimonios de historia oral.* México: Ediciones Era, 1971.

Jacobo Timermann. *Preso sin nombre, celda sin número.* From *Prisoner Without a Name, Cell Without a Number.* Trans. by Toby Talbot. Alfred A. Knopf: 1981.

Armando Valladares. *Cavernas del silencio.* Madrid: Editorial Playor, 1983.

V. Para terminar

Escriba en una hoja aparte un párrafo sobre la cita de Elena Poniatowska que aparece al comienzo del capítulo o comparta sus ideas sobre la misma con un(a) compañero(a) o un grupo de tres o cuatro estudiantes.

Capítulo 7

La mujer y la cultura

Lea esta cita y piense en ella mientras trabaja en este capítulo. ¿Cómo puede relacionar las ideas de la cita con su propia experiencia? Al terminar el capítulo escriba un breve párrafo sobre el tema o comparta sus ideas con sus compañeros de clase.

La literatura de las mujeres en América Latina es parte de la voz de los oprimidos. Lo creo tan profundamente que estoy dispuesta a convertirlo en leit-motif, en un ritornello, en ideología... La que hace surgir esta literatura es una realidad indignante y dolorosa. Queremos dejar constancia aquí y ahora, sin hacernos ilusiones, y meter nuestro rollo en un ánfora que flote desesperadamente y llegue al otro lado del mar, al otro lado del tiempo, para que los que vengan sepan cuan alto fue el grito de quienes los antecedieron.[1]

— Elena Poniatowska

I. Ortografía

A. El uso de la m y la n

Lea individualmente o con un(a) compañero(a) las siguientes normas sobre el uso de la *m* y la *n* en español. Trate(n) de agregar sus propios ejemplos a los presentados.

La *m* se usa:	
• antes de la *b* y la *p*, sin excepción.	Ejemplos: bombillo, cambiar, embrollo, también, empujar, improvisar, limpiar, tampoco, compota, campana, hombre, tambor
• antes de la letra *n*	Ejemplos: alumno, columna, gimnasio, ómnibus
• después de la letra *n* en las palabras que comienzan con los prefijos **in**, **en**, **con**	Ejemplos: inmortal, conmemorar, enmienda, inmóvil
	Excepciones: connotar, innumerable, innovar, ennoblecer
• al final de algunas palabras procedentes del latín	Ejemplos: memorándum, ídem, tótem, álbum
La *n* se usa:	
• antes de cualquier consonante que no sea *b* o *p*	Ejemplos: anticipación, enfermera, invento, invernadero
• antes de la sílaba **nu**	innumerable, sinnúmero
Nota: Si bien en español nunca hay dos *m* seguidas (***mm***), puede haber dos *n* seguidas: innovación, innecesario, innato	

---

[1] Poniatowska, Elena. De "Mujer y literatura en América Latina", *Eco*, Bogotá, Colombia. Volumen III, Número 5, 1983.

Práctica

1. Escriba una *m* o una *n* en los espacios en blanco.

álbu__	i__formática	a__paro	co__padre
bo__billa	a__tipatía	si__ple	he__bra
i__material	a__zuelo	a__tojo	i__menso
a__taño	inde__nización	consta__cia	co__migo
é__fasis	i__vento	i__migración	co__notación
in__ensidad	calu__nia	e__bustera	inco__parable
novie__bre	memorandu__	gi__nasta	inco__cebible
ca__peonato	i__presión	in__enso	alu__no
i__maduro	conte__plar	ultimátu__	i__novador
dicie__bre	e__cuesta	lu__bre	e__paparse

2. Use una *m*, una *n*, *nm*, *mn* o *nn* para completar las palabras a continuación.

a__ __istía	ca__biar	colu__ __a
co__ __over	e__fermedad	e__ __ienda
hi__ __o	i__plantar	i__ __ovil
i__ __ata	i__ __ecesario	i__ __ovaciones
i__terve__ción	i__vitar	tie__po

Ahora use las palabras que ha completado para llenar los espacios en blanco de las oraciones que siguen. Haga los cambios necesarios.

a. Si bien la condición de la mujer ha _____ es necesario

proponer más _____ para evitar la discriminación.

b. Como la noticia la había _____, permaneció

_____ largo tiempo.

c. Los manifestantes avanzaban en tres _____ entonando

un _____ a favor de la _____.

d. Me _____ a participar en el comité que va a

_____ las _____.

e. Su _____ se debía a una condición _____;

por eso al médico le parecía _____ la

_____.

3. Traduzca al español las siguientes palabras. Observe el uso de la **m** y de la **n**. Use el diccionario si es necesario.

amendment	_____	*cemetery*	_____
ambidextrous	_____	*insomnia*	_____
harem	_____	*amphitheater*	_____
amphibian	_____	*disembark*	_____

B. El uso de la h

En el español moderno la letra **h** es muda. Antiguamente se pronunciaba (ya que proviene de la **f** del latín), pero hoy ya no tiene sonido, lo que causa a veces dificultades en la ortografía. Aunque el uso de la **h** se aprende con la lectura, las siguientes normas y prácticas podrán servirle de ayuda. Lea individualmente o con un(a) compañero(a) las observaciones sobre el uso de la **h** en español. Trate(n) de agregar sus propios ejemplos a los presentados.

La **h** se usa	Ejemplos:
• en las palabras que comienzan con los diptongos **ia, ie, ue** o **ui**	**hia**to, **hie**lo, **hie**rro, **hue**vos, **hue**co, **hué**rfana, **hue**so, **hui**r
• en todas las formas de los verbos **haber**, **hacer** y **hallar**	**ha**, **ha**ya, **ha**bía, **hu**biera, **ha**go, **ha**ces, **hi**ciste, **hi**ciera, **ha**llo, **ha**llé, **ha**llaba
• al principio o al final de ciertas **interjecciones**	¡**ah**!, ¿**eh**?, ¡**oh**!, ¡**bah**!, ¡**huy**!
• en las palabras que empiezan con los prefijos griegos y latinos **hecto-, hemi-, hetero-, hexa-, hidr-, hiper-, hipo-, homo-, hosp-**	**hectó**metro, **hemi**plejía, **hetero**géneo, **hexá**metro, **hidr**áulico, **hip**érbole, **hip**ótesis, **homo**sexual, **hosp**edaje
• en las combinaciones **herm-, holg-, honr-, horm-, horn-**	**herm**osa, **holg**azán, **horm**iga, **honr**adez, **horn**ear Excepciones: ornar, ornamento, ornitología y sus derivados
• en las palabras que empiezan por **hebr-, hist-**	**hebr**a, **hebr**eo, **hist**eria, **hist**orial Excepciones: Ebro, ebriedad, ebrio, istmo
• en las palabras que comienzan con la sílaba **hun-** seguida de una vocal	**hum**ano, **hum**edad, **hum**illar, **hum**orista
• en las palabras que comenzaban con **f** en el latín, castellano antiguo, catalán y gallego	**ha**rina (*farina*), **hi**jo (*filio*), **hie**rro (*fierro*) y sus derivados (**he**rramienta, **he**rrero, **he**rrín)

Nota: La **h** se usa en muchísimas palabras en español, no sólo al comienzo o al final de una palabra (en las interjecciones, por ejemplo) sino también en posición intermedia. Es necesario fijarse en su uso a medida que se lee para luego recordar cuándo se debe escribir.

Observe estas palabras donde la *h* aparece en posición intermedia. Lea la lista individualmente o en un grupo de tres o cuatro estudiantes. Trate(n) de dar ejemplos de oraciones donde se usan estas palabras. Busque el significado en el diccionario si es necesario.

adherir	alhaja	cohibir	exhorbitante
ahora	almohada	enhebrar	exhortar
ahorrar	bohío	exhausto	vehículo

Práctica

1. Coloque una *h* donde corresponda. Si la *h* no es necesaria, deje el espacio en blanco.

   a. ___abía un ___ueco en el ___ielo donde el ___ave depositó sus ___uevos.

   b. ¿___as visto ___alguna vez ___a una ___ormiga ___olgazana?

   c. El ___umo ___izo ___innumerables ___estragos en la ___abitación de los ___uéspedes.

   d. Debes ___usar una ___erramienta para ___abrir la ___alcancía si no quieres dañarte las ___uñas.

   e. Lo ___umilló tanto que no pudo ___ablar en la ___escuela para defender la ___onradez de sus ___ijos.

   f. El ___errero está ___al tanto de lo que ___a ocurrido en la ___acienda.

   g. ___ay que ___alar la puerta para poder entrar a la ___abitación.

   h. ___ernesto se quedó ___uérfano desde una temprana edad.

   i. ¡___olé! El ___ermitaño salió de la cueva y nos guiñó un ojo.

   j. La bañadera se ___a llenado de mo___o y sólo con agua ___ervida se puede limpiar bien.

C. Parónimos con la *h*

Ya hemos visto parónimos y homófonos en el caso de la *b* y la *v* (Capítulo 3) y al hablar de la *r* y la *rr* (Capítulo 6). Se consideran homófonas las palabras cuya pronunciación es igual, pero cuyo significado es distinto. Lea individualmente o con un(a) compañero(a) los siguientes homófonos con la letra *h*. Trate(n) de agregar sus propios ejemplos a los presentados.

1. **¡ah!** exclamación (*ah!*) / **a** preposición (*to, in, at*) / **ha** forma auxiliar del verbo haber (*to have*)

   ¡Ah! Es muy tarde.
   Me voy **a** la biblioteca.
   La clase **ha** terminado.

2. **¡ay!** exclamación (*ah!*) / **hay** forma impersonal del verbo haber (*there is, there are*) / **ahí** (*there*)

   ¡Ay! ¡Qué dolor!
   ¿Hay un dentista **ahí?**

3. **ala** parte del ave que le sirve para volar (*wing*) / **hala** del verbo halar (*to pull*)

   Es un **ala** de mariposa.
   ¡Hala desde ese lado!

4. **aprehender** capturar (*to capture*) / **aprender** adquirir conocimientos (*to learn*)

   Van a **aprehender** a los culpables.
   Van a **aprender** lo que es la justicia

5. **asta** lanza, palo, cuerno (*pike, lance, flagpole, horn*) / **hasta** preposición (*until*)

   La bandera estará a media **asta hasta** la semana próxima.

6. **desecho** desperdicio (*waste, residue*) / **deshecho** participio del verbo deshacer (*undone*)

   Botan los **desechos** al agua.
   La caminata los ha dejado **deshechos.**

7. **echo** del verbo echar (*I throw away, I cast*) / **hecho** acabado, aceptado, acontecimiento (*done, deed, fact*)

   ¿Echo la carta al buzón?
   El trabajo ya está **hecho.**

8. **herrar** poner herraduras (*to shoe, to brand*) / **errar** fallar o equivocarse (*to miss, to fail*)

   Es necesario **herrar** los caballos, así que vamos al herrero.
   Errar es humano, perdonar es divino.

9. **ojear** mirar con atención (*to stare*) / **hojear** pasar las páginas u hojas de un libro (*to leaf through*)

   Joaquín lleva horas en ese café, **ojeando** los peinados extraños de las mujeres que pasan por allí.
   Lo vi en en la librería; estaba **hojeando** unas revistas.

10. **onda** curva, ola, vibración (*wave*) / **honda** profunda (*deep*)

    Tiene una **onda** de pelo que le cae sobre la frente.
    El coche se cayó en una zanja **honda** al lado de la carretera.

11. **ora** del verbo orar (*he/she prays*) / **hora** medida de tiempo (*hour*)

    Se levanta muy temprano y **ora** por una **hora** antes de desayunar.

Práctica

1. Marque con un círculo la palabra apropiada, según el contexto de la oración.

   a. Mi amigo ya ha **echo** / **hecho** las reservaciones para el viaje a San Francisco.

   b. ¡**Ah**! / ¡**Ha**! ¡Qué sabrosa está la paella!

   c. ¿Quién podrá **errar** / **herrar** mi lindo caballito?

   d. El **asta** / **hasta** es altísima para que la bandera se vea bien de lejos.

   e. Voy **a** / **ha** Yucatán pronto.

   f. Ya es la **hora** / **ora** de la clase.

   g. Nos vemos en septiembre. —¡**Asta** / ¡**Hasta** entonces!

   h. Yo le **echo** / **hecho** poca sal a la comida.

   i. Tomás no **a** / **ha** llegado todavía.

   j. **Hojeamos** / **Ojeamos** el libro juntos y encontramos la información que necesitábamos.

   k. **Echo** / **Hecho** los desperdicios que no son reciclables a la basura.

   l. El agua está muy contaminada porque a las compañías no las multan por echar **desechos** / **deshechos** al río.

   m. El jarrón está **desecho** / **deshecho** en pedazos porque el perrito lo tumbó sin querer.

   n. Vamos a **hojear** / **ojear** las fotos de las vacaciones que Pepa tomó en diciembre.

   o. La policía va a **aprehender** / **aprender** a ese maleante que robó y mató a varias personas.

   p. Es un **echo** / **hecho**: el español es uno de los idiomas oficiales de la ONU.

   q. **Ay** / **Hay** que estudiar mucho para pasar el examen de español de la ONU.

   r. Tengo un radio de **honda** / **onda** corta para enterarme del desarrollo de los ciclones en el Caribe.

   s. Quisiera **aprehender** / **aprender** portugués e italiano algún día.

   t. ¡**Ay**! / ¡**Hay**! Se me olvidó ponerme el reloj.

   u. El diseño del **ala** / **hala** del avión es lo que hace posible que vuele.

   v. Los cirujanos son seres humanos y suelen **errar** / **herrar**.

   w. **Ala** / **Hala** la puerta con fuerza para entrar.

   x. La piscina de la universidad tiene un trampolín para zambullirse en la parte **honda** / **onda**.

   y. Usa el **asta** / **hasta** del venado que cazó para colgar los abrigos.

2. Ponga una *h* en los casos en que sea necesaria para que la oración tenga sentido.

    a. Necesito una to___alla limpia.

    b. Yo no le ___echo mucha pimienta a la comida porque a mis ___ijos no les gusta.

    c. Tengo el pelo ___ondeado y cuando ___ay mucha ___umedad se pone imposible.

    d. Me dijo que no ___alara más la soga y yo la solté, por eso él se cayó y casi se a___ogó.

    e. Mi ___ermanito es muy guapo pero nunca sale; ___ay que llevarlo ___a bailar con nosotros este fin de semana.

    f. En cuanto a la música, no tengo mucha ___abilidad natural, pero ___e cultivado el ___ábito de practicar mucho, ___así que me defiendo.

    g. ___ay gente que se co___ibe en el escenario, y que ___uye del público; sin embargo ___a mí me encanta.

    h. Si no quieres ___errar en asuntos serios, ___ay que consultar con la almo___ada ___antes de decidir nada.

    i. Alicia está muy alegre porque ___an apre___endido a los delincuentes que la asaltaron.

    j. Las mujeres de su pueblo no ___osaban salir de su ___ogar ___a menos que ___ubiera un ___ombre que las ___acompañara.

II. Gramática

A. El modo subjuntivo (Primera parte)

El subjuntivo es mucho más común en español que en inglés y se le incluye con frecuencia en la conversación y la escritura. Por lo general, este modo verbal se encuentra en las oraciones subordinadas, cuando el sujeto no es el mismo que el de la oración principal. Observe el ejemplo siguiente:

    La madre <u>quiere</u> que Alejandro **estudie** francés.

    En este caso la acción que corresponde a la madre es diferente a la que se relaciona con Alejandro. Este es uno de los usos más frecuentes y reconocibles del subjuntivo. En inglés no usaríamos el subjuntivo en este caso; usaríamos el infinitivo: *The mother wants Alejandro to study French.*

Observe otros ejemplos más en español:

    Lydia <u>sugiere</u> que Ana **traiga** a casa lo que le queda por hacer del trabajo.
    María Luisa <u>quiere</u> que Adolfo **pase** por su casa a recoger una sopa de pollo.

A diferencia del subjuntivo, el verbo en el **modo indicativo** expresa casi siempre acciones basadas en certezas y hechos.

    Ella **se llama** Alicia Bernal y **vive** en Caracas, Venezuela.
    Estudió en la Universidad Central de Venezuela.

Es abogada y **se especializa** en cuestiones relacionadas con los derechos civiles.

Cuando **era** niña ella **quería** ser veterinaria, pero **cambió** de opinión.

Los verbos del **subjuntivo** casi siempre se usan como parte de una cláusula de una oración cuando el verbo de la cláusula principal expresa **deseo**, **preferencia**, **posibilidad**, **voluntad**, **prohibición**, **consejo**, **obligación**, **reacción emotiva**, etc. Observe que la palabra *que* introduce la cláusula que contiene el verbo en el subjuntivo.

Mi abuela quiere <u>que</u> yo **vaya** a la iglesia con ella.

Preferimos <u>que</u> nuestros esposos **cuiden** a los niños para que **se den** cuenta del trabajo, tiempo y atención que requiere criarlos.

Es necesario <u>que</u> **hagas** ejercicio todos los días.

Te aconsejo <u>que</u> **busques** un buen médico.

Lamentamos <u>que</u> **esté** enferma y no **pueda** ir a la fiesta.

B. Formas regulares e irregulares del presente del subjuntivo

1. Verbos regulares

En la tabla siguiente se observan tres verbos cuya conjugación en el subjuntivo es regular.

declarar	prometer	combatir
declare	prometa	combata
declares	prometas	combatas
declare	prometa	combata
declaremos	promet**amos**	combat**amos**
declaren	prometan	combatan

Notas:

- Para formar el presente del subjuntivo de los verbos regulares basta con agregar la terminación indicada en negrita en la tabla a la raíz del verbo.

  cant**ar**: cante   com**er**: com**a**   viv**ir**: viva

- Observe que las terminaciones para los verbos terminados en **-er** e **-ir** son las mismas.

Práctica

Complete este diálogo entre un marido autoritario y su esposa con la forma apropriada del presente del subjuntivo de los verbos entre paréntesis.

—¿Tienes una reunión a esta hora? Espero que _____ (regresar) temprano.

—No creo que _____ (durar) mucho. ¿Quieres que te _____ (llamar) desde la oficina?

—No, pero sabes que me gusta que _____ (estar) en casa antes de las diez.

—No puedo prometerte nada. Si es posible tal vez me _____ (marchar) antes de que se _____ (terminar).

—Bueno, pero quiero que me _____ (prometer) una cosa.

—Depende de qué.

—Que _____ (hablar) lo menos posible con el Sr. Domínguez. Y no _____ (sentarse) a su lado.

—¡Es imposible que no _____ (hablar) con Domínguez! Es una reunión de trabajo y él es el jefe de la sección. Es importante que _____ (expresar) mi opinión y que _____ (trasmitir) mis ideas sobre el nuevo proyecto. ¿Tú quieres que me _____ (quedar) con la boca cerrada? ¡Eres imposible! ¡Ni que viviéramos en la Edad Media!

2. Verbos irregulares

Lea individualmente o con un(a) compañero(a) estas normas sobre los verbos irregulares en el presente del subjuntivo. Agregue(n) otros verbos a los presentados. Puede(n) hacerlo oralmente o por escrito en una hoja aparte.

- Si la forma **yo** del presente del indicativo es irregular, la misma irregularidad ocurre en el presente del subjuntivo.
  poner: pongo → **ponga, pongas, ponga, pongamos**, etc.
  caber: quepo → **quepa, quepas, quepa, quepamos**, etc.

- Igual que en el pretérito, en los verbos que terminan en **-car**, **-gar** y **-zar**, la *c* cambia a **qu**, la *g* cambia a **gu** y la *z* a *c*.
  colocar → colo**que**, colo**ques**, colo**quemos**, etc.
  entregar → entre**gue**, entre**gues**, entre**guemos**, etc.

- Los verbos cuya raíz cambia en el presente del indicativo tienen el mismo cambio en el presente del subjuntivo.
  pensar → **piens**e   **ped**ir → **pid**a   **dorm**ir → **duerm**a

- Los siguientes son los únicos seis verbos realmente irregulares en el presente del subjuntivo.

dar:	dé, des, dé, demos, den
estar:	esté, estés, esté, estemos, estén
haber:	haya, hayas, haya, hayamos, hayan
ir:	vaya, vayas, vaya, vayamos, vayan
saber:	sepa, sepas, sepa, sepamos, sepan
ser:	sea, seas, sea, seamos, sean

Práctica

De la lista siguiente escoja el verbo apropiado para completar las oraciones a continuación. Luego complete las oraciones con la forma apropiada del presente del subjuntivo. Puede usar los verbos más de una vez.

dar   estar   haber   ir   saber   ser   decir

1. No creo que José _____ enfermo; sólo quiere tomarse un día libre.

2. Esperamos que _____ mucha gente en la reunión, vamos a discutir algo importante.

3. Quiero que tú _____ que aquí se viene a trabajar, no a descansar.

4. Te recomiendan que _____ puntual si quieres tener una entrevista.

5. Prefiero que no me _____ el dinero. Guárdalo en el banco.

6. Dudan de que él les _____ toda la verdad.

7. Siempre les sugerimos a nuestros hijos que _____ lo más honestos que puedan.

8. No creemos que _____ muchas personas; no va a ser necesario reservar lugar.

9. Siempre les decimos que no _____ maleducados y que presten atención.

10. El examen va a ser fácil. No creo que _____ que estudiar mucho.

 ## C. Usos del subjuntivo

ALGO PARA RECORDAR...

El subjuntivo se utiliza en:

a. expresiones que se relacionan con deseos, intenciones, preferencias, prohibiciones, etc. Algunos de los verbos más usuales en estos casos son **sugerir**, **preferir**, **querer**, **desear**, **prohibir**, **insistir**, etc. Observe a continuación cómo el sujeto de la oración subordinada difiere del de la oración principal.

El professor **quiere** que prest**emos** más atención en la clase.
(*el profesor / nosotros*)
El gobierno **intenta** que los ciudadanos pagu**en** más impuestos.
(*el gobierno / los ciudadanos)*
Los aficionados de Luis Miguel **prefieren** que él interpret**e** canciones, románticas (*los aficionados / Luis Miguel*)

b. expresiones que se relacionan con la comunicación de emociones o sentimientos (esperanzas, amor, odio, tristeza, rabia, etc.) También en este caso el sujeto de la oración principal y el de la subordinada son diferentes.

Le **entristece** que Manuel no pas**e** el examen después de todo lo que ha estudiado. (*él o ella / Manuel*)
Les **sorprende** que Ana y Antonio le regal**en** su juego de cuarto a un desconocido. (*ellos / Ana y Antonio*)
Temes que no te pagu**en** el sueldo de este mes, ¿no es así? (*tú / ellos*)

c. expresiones que reflejan duda, incertidumbre o escepticismo.
No estamos seguros de que vend**an** esa casa a buen precio.
No cree que su padre le compr**e** una bicicleta para su cumpleaños.
Miriam **se resiste a creer** que ese muchacho est**é** enamorado de ella.

Nota: Observe que <u>si no hay duda o incertidumbre se emplea el indicativo</u>. Compare:
No creo que Juan Alberto viaj**e** mañana a España.
(La probabilidad de que no se dé el viaje es grande).

Creo que Juan Alberto viaj**a** mañana a España.
(Los datos que tiene el primer sujeto sobre la probabilidad del viaje son más seguros).

d. expresiones que se relacionan con algún tipo de intercambio de información entre el primer sujeto y el sujeto de la oración subordinada.
El policía **impide** que los autos cruc**en** la avenida en este momento.
(*El policía "informa" con sus gestos a los conductores*).

Mamá le **recomienda** al novio de Paquita que no se pele**en**.
(*Mamá comunica al futuro nuero su sugerencia*).

El director de la empresa **exhorta** a todos sus empleados a que asist**an** a la fiesta.
(*El director informa a todos la importancia del acontecimiento*).

e. oraciones con **ojalá**, **quizás**, **tal vez**, donde el primer sujeto expresa un deseo que no tiene muchas posibilidades de realizarse, o de cuya conveniencia **no está** muy seguro.

> **Ojalá** que Juan le gan**e** a papá el partido de dominó este sábado.
> (*No está seguro de que ganará*).

> **Quizás** le camb**ie** este estéreo por el suyo.
> (*No hay seguridad del cambio ni del objeto del mismo*).

> **Tal vez** visit**e** a mis tíos antes de Pascuas.
> (*La visita no es segura*).

Estas expresiones también pueden usarse en oraciones simples, con un solo sujeto y el verbo en subjuntivo.

> **Ojalá** que él se gan**e** la lotería mañana.

> **Quizás** (yo) camb**ie** esta camisa y los zapatos.

> **Tal vez** no te gust**e** este disco.

Cuando se está más seguro del cumplimiento del deseo o de la conveniencia de una acción, se usa el indicativo en vez del subjuntivo (lo que no sucede con **ojalá**).

> Tal vez visit**o** a mis tíos en La Paz uno de estos días.
> (*La visita es segura, pero el momento no*).

> Quizás le camb**io** este estéreo por el suyo.
> (*Algún cambio ocurrirá, el objeto de cambio no es seguro*).

f. **frases impersonales** (así llamadas porque carecen de sujeto) que dan a entender emoción, sentimiento, deseo, preferencia, comunicación, duda, como: **es necesario, es importante, es probable, es posible, es difícil, es extraño, es improbable, conviene, vale más, puede ser, parece mentira, es dudoso, es una lástima, ¡qué lástima!, es bueno**, etc.

> **Es posible** que a Caridad le d**en** un aumento el mes próximo.

> **Es necesario** que los niños se lav**en** los dientes tres veces al día.

> **Es difícil** que yo pued**a** lograr ese puesto en la universidad.

Estas expresiones impersonales pueden usarse también con el infinitivo, cuando la acción tiene que ver con el sujeto que la expresa, o el sujeto se incluye en la acción expresada.

> Es posible darle un aumento el mes próximo, (yo a él/ella)

> Es necesario lavarse los dientes. (yo, tú, todos)

> Es difícil poder lograr ese puesto. (para mí, para todos)

g. Locuciones conjuntivas tales como **para que**, **sin que**, **a menos que**, **en caso de que**, después de las cuales el indicativo no es posible. Note que **que** está siempre presente cuando se requiere el subjuntivo.

> **Sin que** te enfad**es**, te digo que Carlos es un atrevido.

> **Para que** no piens**es** que estoy equivocada, aquí está la prueba.

> **En caso de que** decid**as** ir, cuenta conmigo; para eso están las amigas.

> **A menos que** cooper**es**, no te curarás.

h. Locuciones de tiempo tales como **mientras, en cuanto, después que, hasta que, tan pronto como**, requieren el subjuntivo si la acción que expresan se va a realizar en el futuro y no ha tenido lugar todavía.

> **Tan pronto como** cort**es** la hierba, te regalo veinte dólares.
> (*La hierba todavía no está cortada*).

> **En cuanto** llegu**emos** a Madrid, me comunico con la gerencia en Barcelona.
> (*Aún no han llegado a Madrid*).

> **Mientras** sig**as** burlándote de mí, no te voy a dirigir la palabra.
> (*Las burlas van a seguir en el futuro*).

¡Ojo! En los casos siguientes se usa el indicativo si la acción es habitual o tuvo lugar en el pasado.

> **Cuando** cort**as** la hierba te pones a cantar.
> (*Se habla de un hecho habitual*).

> **En cuanto** lleg**amos** a Madrid comienzas a hablar como los españoles.
> (*Es algo que pasa siempre*).

> **En cuanto** lleg**amos** a Madrid comenzaste a hablar como los españoles.
> (*Es algo que sucedió en el pasado*).

> Sig**ues** burlándote de mí y yo aprovecho para estudiar.
> (*La burla es un hecho que tiene lugar en el presente*).

i. Oraciones introducidas por **como si** y **antes que** sin excepción. En el caso de **como si** se emplea el imperfecto del subjuntivo.

> Actúas **como si** entend**ieras** lo que él dice.

> **Antes que** prueb**es** el queso, toma un poco de este vino.

Práctica

1. Llene los espacios en blanco con la forma adecuada del presente del subjuntivo de los verbos entre paréntesis.

a. Dígale a Elena que necesito que _____ a las 2:00 de la tarde. (regresar)

b. Por supuesto, sus padres quieren que ella _____ buenas notas. (sacar)

c. El estudiante insiste en que el profesor le _____ otra oportunidad. (dar)

d. Mi colega espera que yo le _____ con la computadora nueva. (ayudar)

e. Dudan de que Juanito _____ a la universidad si no consigue una beca. (ir)

f. En las fiestas siempre le piden a ella que _____. (bailar)

g. Luisa insiste en que yo _____ a tocar el piano. (aprender)

h. La Dra. Gutiérrez sugiere que los estudiantes_____ bien las equivalencias químicas. (estudiar)

i. Ojalá que te _____ de tu resfriado pronto. (mejorar)

j. Es necesario que uno _____ un pasaporte válido para poder viajar. (tener)

2. Marque con un círculo el verbo correspondiente, en subjuntivo o indicativo, según el contexto.

Eduardo aspira a que su padre lo (escoge / escoja) para ocupar el puesto de vicepresidente en la empresa de la familia. A pesar de habérselo recordado muchas veces, el señor López (se hace / se haga) el desentendido. Es posible que no (quiere / quiera) emplear a alguien tan cercano a él en los negocios que (hace / haga). Pero Eduardo es porfiado y hasta que no (consigue / consiga) su propósito no parará, pues tiene metas altas. Le hace ilusión pensar que sus antiguos compañeros de universidad lo (encuentran / encuentren) antes de que (acabe / acaba) el año, y lo (felicitan / feliciten) por sus éxitos profesionales. Piensa especialmente en Dorita, su novia adorada, quien siempre ha dudado de que él (tiene / tenga) talento para triunfar. Él se lo ha intentado demostrar muchas veces, y con tal fin siempre (se viste / se vista) con traje y corbata para impresionarla y le dice que alguien lo (ha citado / haya citado) para una importante entrevista de trabajo. Pero ella parece conocerlo bien, y es difícil que la (engaña / engañe) con su simulación.

Por cierto, Dorita conoce al padre de Eduardo y no piensa mejor de él. «De tal palo tal astilla», le repite Dorita a sus amigas, y les hace ver que no es que Eduardo (es / sea) una mala persona, sino que ella prefiere que sus pretendientes (se comportan / se comporten) más honestamente. En realidad, ella ya no desea que él (pide / pida) su mano, pero sí espera que le (expresa / exprese) sus intenciones claramente para que los dos se (entienden / entiendan) mejor.

Por otra parte, Eduardo aún anhela conseguir dos objetivos que tal vez (tienen / tengan) más importancia en su vida de lo que él (se imagina / se imagine): uno a largo plazo, cuando (hereda / herede) el puesto de su padre, y otro a corto plazo, cuando Dorita (se rinde / se rinda) a sus encantos... ¡y a su dinero!

Aunque no lo (sabe / sepa) todavía, Eduardo tendrá que complacerse con sólo lograr una de sus metas.

3. Complete las oraciones con una conjunción apropiada. Haga los cambios necesarios.

cuando	hasta que	después que
después de	antes que	antes de

a. Cambiaremos de avión _____ lleguemos a Dallas.

b. No podré ir al cine este fin de semana _____ termine de escribir esta presentación para el lunes.

c. Haré la parte escrita _____ añadir las fotografías y tablas con el programa *Power Point.*

d. Fuimos al teatro _____ terminamos de cenar.

e. La profesora no nos da la nota final del ensayo _____ entreguemos dos borradores.

f. Nos acostamos a dormir _____ ver las noticias de CNN en español.

g. Por favor, despiérteme _____ sean las siete y media.

h. Siempre me tomo un café negro y unas tostadas _____ ducharme.

i. Me arreglo después del desayuno, porque no quiero ver un espejo _____ esté despierta por lo menos media hora.

j. Ayer Alfredo llegó al trabajo tarde porque nunca quiere meterse en el baño _____ haya terminado de arreglarme.

4. Busque en el poema "Tú me quieres blanca" de Alfonsina Storni en su libro de texto (p. 297) por lo menos dos ejemplos del subjuntivo. Forme nuevas oraciones con esos verbos.

_____

_____

_____

_____

5. Traduzca al español las siguientes oraciones. Recuerde que no siempre se puede traducir literalmente de un idioma al otro. Haga los cambios necesarios para que la traducción al español sea correcta.

a. *Hugo wants me to rewrite the rules of the Spanish Club.*

_____

b. *I doubt that Mr. García will be approved for the position he applied for last year.*

_____

c. *We insist that our children be home by 11:00 p.m.*

_____

d. *I hope that my sister arrives soon from Chihuahua.*

_____

e. *Felipe expects me to return the book to him on time.*

_____

6. El habla de la mujer

La lingüista Robin Tolmach Lakoff en su libro *Talking Power: The Politics of Language* hace una lista de algunas características de la forma de hablar de las mujeres. En un grupo de tres o cuatro estudiantes (que incluya tanto a hombres como mujeres) hagan lo siguiente:

- Lean la lista de estas observaciones.
- Comenten la validez de cada observación. Traten de usar el subjuntivo cuando sea posible en sus comentarios.

Ejemplos: Me parece / Pienso / Creo que esta observación es acertada porque...
No creo / No pienso / Dudo de que la observación **sea** acertada porque...

- Decidan si las características observadas se pueden aplicar tanto al español como al inglés.
- Comparen lo que hayan comentado en su grupo con el resto de la clase.

---

1. Las mujeres suelen ser menos precisas en su pronunciación. Por ejemplo, no pronuncian las vocales tan claramente como los hombres.
2. Las mujeres suelen usar eufemismos y diminutivos con mayor frecuencia.
3. Las mujeres son menos directas y para expresarse se basan más en los gestos y la entonación que en las palabras en sí.
4. La gramática que emplean las mujeres es mejor que la de los hombres.
5. La entonación del habla de la mujer suele sugerir una pregunta, aun cuando no se esté planteando una.
6. El estilo comunicativo de la mujer suele ser más bien colaborativo, no competetivo.[1]

---

[1]Robin Tolmack Lakoff. *Talking Power: The Politics of Language.* New York: Harper Collins, 1990, p. 204.

1. Los **mandatos formales** afirmativos y negativos se conjugan igual que la forma presente del subjuntivo. Se usa el mandato formal con personas que llamaríamos de **usted**. Como en las Américas no usamos la forma **vosotros**, usamos la forma plural del mandato formal **ustedes** cuando nos referimos a cualquier grupo de personas.

LOS MANDATOS FORMALES

	sing.	pl.
firmar	firme Ud.	firmen Uds.
	no firme Ud.	no firmen Uds.
aprender	aprenda Ud.	aprendan Uds.
	no aprenda Ud.	no aprendan Uds.
escribir	escriba Ud.	escriban Uds.
	no escriba Ud.	no escriban Uds.

Ejemplos: **Firme** el contrato al final de la página y use tinta azul.
No firmen nada antes de leerlo cuidadosamente.

Aprendan algo sobre las costumbres japonesas antes de mudarse a Tokio.
No aprenda las costumbres de ese rufián, Sr. Ramírez, se lo ruego.

Escríbanme una composición de siete páginas sobre el futuro económico de España en la Unión Europea.
No escriban boberías; quiero un trabajo serio.

2. Los **mandatos informales** afirmativos normalmente corresponden a la conjugación de la tercera persona singular del presente del indicativo: **come**, **baila**, **escribe**, etc. Al igual que los mandatos formales, los mandatos que son negativos informales, ya sean regulares o irregulares, usan la forma del subjuntivo: **no comas**, **no bailes**, **no escribas**, **no digas**, **no tengas**.

LOS MANDATOS INFORMALES IRREGULARES

decir	**di** (tú)	**no digas**
ir	**ve**	**no vayas**
poner	**pon**	**no pongas**
hacer	**haz**	**no hagas**
salir	**sal**	**no salgas**
tener	**ten**	**no tengas**
ser	**sé**	**no seas**
venir	**ven**	**no vengas**

Además de los mandatos directos, hay mandatos indirectos que también usan la forma del presente del subjuntivo:

Que coma lo que quiera.

Que se vaya de inmediato.

Que estudien por dos horas.

Para expresar la idea *let's* de inglés, se usa en español la primera persona plural (nosotros) del presente del subjuntivo:

Estudiemos un par de horas más, ¿vale?

Escribamos una carta editorial al periódico ahora mismo.

Práctica

1. Llene los espacios en blanco con la forma del subjuntivo o mandato apropiado.

   ¡Juan, Julián, Rebeca! _____ (Venir) todos para acá

   ahora mismo. No quiero que _____ (llegar) tarde a la

   escuela por segunda vez en una semana... Juan, _____

   (ponerse) las medias y los zapatos... Rebeca, _____

   (darme) el cepillo para que te _____ (poder) hacer

   las trenzas... Julián, no _____ (hacer) eso tú solo, mi

   amor, que eres todavía muy pequeño. _____ (Dejar)

   que Juan te _____ (abrochar) los zapatos... Rebeca,

   _____ (salir) al patio de atrás y _____

   (buscar) las llaves. Es posible que _____ (estar) en

   la silla verde... Juan, Julián, _____ (tomar) las

   mochilas de los tres... Rebeca, _____ (traer) los

   almuerzos de la nevera... Bueno, niños, ¿todos listos?

   _____ (Salir) para el carro mientras que yo busco el

   maletín. ¡Huy! ¡Las ocho menos veinte! Ojalá no _____

   (haber) tráfico.

2. Traduzca las siguientes oraciones. Use los **mandatos formales**.

   a. *Please put the microphone on your lapel. Say something to test the volume.*

   _____

   _____

b. *Introduce yourself briefly at the beginning of the program.*

_____

_____

c. *Speak Spanish only, as the program will be broadcast in Latin America.*

_____

_____

d. *Don't turn away from the camera. Try to relax. Don't be nervous.*

_____

_____

e. *Don't continue speaking if the interviewer tells you we need to pause for a commercial.*

_____

_____

3. Ahora traduzca las siguientes oraciones, usando los **mandatos familiares (tú)**.

a. *Mom, bring me a soda. But don't put too much ice in it!*

_____

_____

b. *Be careful, the glass is very full.*

_____

_____

c. *Roberto, don't put that glass down on the new table.*

_____

_____

d. *Change the channel; that program is too violent.*

_____

_____

e. *Roberto, be nice to your little sister!*

_____

_____

III. Vocabulario

Frases idiomáticas

Lea individualmente o en un grupo de tres o cuatro estudiantes el siguiente párrafo. En una hoja aparte haga(n) una lista con las frases idiomáticas que encuentre(n).

Mariana se está haciendo ilusiones can una casa nueva, aunque ya habíamos quedado en que tenemos que caminar con pies de plomo en el asunto de la vivienda. Las casas cuestan ahora un ojo de la cara. Pero ella me quiere convencer por las buenas o por las malas, y pone el grito en el cielo cada vez que quiero invitar a alguien a casa. Me está sacando de mis casillas. Pero te digo muy tranquilo: está tratando en balde. Pienso que no tiene ni pies ni cabeza comprar una casa en este momento. Le debe estar más claro que el agua que yo no voy a cambiar de opinión por ahora.

Práctica

1. Trabajando individualmente o con tres o cuatro compañeros escoja(n) cinco frases idiomáticas de la lectura. Escríba(n) las y den el equivalente en inglés de cada una.

   a. _____

   _____

   b. _____

   _____

   c. _____

   _____

   d. _____

   _____

   e. _____

   _____

2. En una hoja aparte escriba una oración con cada una de las frases idiomáticas escogidas. Si quiere, puede organizarlas en forma de relato y describir una situación basada en su propia experiencia. Puede agregar también alguna otra frase idiomática que le sea familiar.

   • Trabajando en un grupo de tres o cuatro estudiantes, túrnense para leer las frases o párrafos escritos. Escojan las que les parezcan más interesantes y compártanlas con el resto de la clase.

IV. Exploración y comunicación

A. Reseña de película

Escoja una de las películas que se recomiendan en la sección *Unos pasos más* del Capítulo 7 del libro de texto (pp. 323–324). Mire la película y analice el papel que desempeña el personaje femenino principal. En una hoja aparte, escriba una reseña que incluya su interpretación de los personajes principales. ¿Qué tipo de conducta tenían las mujeres? ¿Y los hombres? ¿Cómo eran los papeles que desempeñaban?

B. Análisis y opinión

¿Cuáles son algunas de las ventajas que disfruta la mujer «liberada» en los Estados Unidos? ¿Qué desventajas le ha traído a la mujer moderna el feminismo de los últimos treinta años?

En una hoja aparte, escriba una breve composición de dos páginas sobre una de las cuatro opciones siguientes:

- Interprete la tira cómica y exponga su opinión sobre las ventajas y desventajas del feminismo.
- Analice la perspectiva del artista de la tira cómica sobre los logros del feminismo. Apoye su opinión con detalles concretos.
- Si usted conoce a alguien con fuertes opiniones sobre el feminismo, explíquelas. ¿Que opinaría esa persona sobre la tira cómica? Si quiere, puede también explicar por qué usted está o no de acuerdo con el feminismo.
- Haga una descripción detallada del nuevo «Ken Doll» y explique cómo el movimiento feminista le ha afectado.

V. Para terminar

Escriba en una hoja aparte un párrafo sobre la cita de Elena Poniatowska al comienzo del capítulo o comparta sus ideas sobre la misma con un(a) compañero(a) o un grupo de tres o cuatro estudiantes.

Cruzando puentes: El poder de la palabra, la imagen y la música

Lea esta cita y piense en ella mientras trabaja en este capítulo. ¿Cómo puede relacionar las ideas de la cita con su propia experiencia? Al terminar el capítulo escriba un breve párrafo sobre el tema, o comparta sus ideas con sus compañeros de clase.

Carlos Fuentes hablaba de que el lenguaje debe ser algo vivo... y precisamente creo que no hay otro país donde se hable español que pueda influir mucho más en el futuro del idioma que en EE.UU. Mucho más que México, mucho más que España, mucho más que Argentina. El idioma español se está transformando en EE.UU. Y el futuro del español, que está lleno de anglicismos y de Spanglish, y de expresiones que surgen por la influencia tecnológica, está teniendo la mayor transformación aquí, muy a pesar de los académicos.... Lo que estamos viendo en los Estados Unidos es un español vivo, dinámico y cambiante... Se puede criticar el uso del Spanglish, pero ya veremos cuál de los españoles domina. Es la batalla entre el latín clásico y el latín vulgar, y va a prevalecer el español que habla la gente... Con los índices de migración tan grandes que tenemos y con la disparidad económica enorme entre América Latina y EE.UU., estoy convencido que la población hispana en los próximos veinte, veinticinco años va a continuar hablando español.[1]

— Jorge Ramos, conocido periodista de Univisión, ganador de múltiples premios Emmy

I. Ortografía

A. El uso de la letra p

En algunos dialectos del español latinoamericano, la *p* al final de sílaba se confunde a veces con el sonido de la *c* (se escucha la gente decir «concecto» en vez de concepto), y a veces no se pronuncia («corruto» en vez de corrupto). Hay muchas palabras que tienen *p* al final de sílaba; no existen reglas acerca de esto, así que es necesario conocer la ortografía.

Ejemplos:

cápsula	concepto	optimista	septiembre
aceptable	eclipse	interrupción	aptitud

Nota: La palabra *septiembre* se puede escribir también *setiembre*. Cualquiera de las dos formas es aceptable.

---

[1]Ramos, Jorge. En "Entrevista con Jorge Ramos", por Daniel Sherr, *Cuadernos Cervantes de la Lengua Española* No.8, mayo-junio de 1996, 18–20.

- En la tira cómica se menciona a los «extraterrestres».

- Observe el uso de la *x* en esa palabra.

- En español el prefijo **extra-** así como el prefijo **ex-** se utilizan en varias palabras: **extra**oficial, **extra**ordinario, **ex**traer, **ex**terno, **ex**ceder, **ex**céntrico.

Es común confundir la *x* con la *s* a pesar de que no tienen el mismo sonido. La *x* suena como **ks** entre dos vocales (e**x**amen, se**x**o, ó**x**ido, cla**x**on); o como **gs** cuando ocurre entre una vocal y una consonante (e**x**cavar, e**x**poner, e**x**quisito, e**x**plicación).

- La *x* tiende a pronunciarse como la *s* (**x**enofobia, **x**ilofón) si está al principio de una palabra.

- Al igual que en inglés, la *x* también se ve en palabras procedentes del griego:

  a**x**ioma   lé**x**ico   o**x**ígeno   ta**x**idermia   tó**x**ico

- Algunas palabras que terminan en **-xión** en español terminan en *-tion* en inglés:

connection:	*reflection:*
cone**xión**	refle**xión**
flection:	*inflection:*
fle**xión**	infle**xión**

- La letra *x* también se pronuncia como una *j* en palabras procedentes del español antiguo (Don Qui**x**ote, **X**iménez) y en palabras indígenas que vienen del **náhuatl** (Mé**x**ico, Oa**x**aca).

Práctica

Complete las palabras con *s*, *x*, o *cc*, según corresponda. Use un diccionario si es necesario.

1. Hizo unas confe___iones realmente e___qui___itas.

2. Créele una fra___ión de lo que dice. Siempre e___agera cuando habla de sus e___pensas.

3. No uses tantas interje___iones y cuida la forma en que te e___presas.

4. Los productos tó___icos que usaron para hacer el e___perimento dañaron el río en toda su e___ten___ión; sus a___iones irresponsables causaron la e___tinción de varias e___pecies de aves y peces.

5. Como los e___tremistas ganaron las ele___iones, gran parte de la población decidió e___iliarse.

6. El e___pecialista e___igió que no hiciera ejercicio y que no se e___forzara por varias semanas.

7. Fue e___traordinario el trabajo que hicieron al e___tender los antiguos balcones para refa___ionar las viviendas.

8. Yo no creo que esa obra de fi___ión sea ni e___ótica ni e___traña.

9. La sati___fa___ión que le produjo esa e___periencia lo llevó a inten___ifícar su e___plora___ión, e___pecíficamente de los aymara.

10. E___clamó que estaba e___hausta y an___iosa; se negó a refle___ionar más sobre esa cue___tión.

C. Parónimos con la x y la s

Debido a la confusión que se produce entre la *x* y la *s* por su pronunciación, las palabras que siguen pueden sonar casi iguales. Lea la lista que sigue individualmente o con un(a) compañero(a). Trate(n) de formar oraciones con las palabras presentadas. Puede(n) compartir sus ejemplos con la clase.

cesto	cesta grande, canasto (*basket*)
sexto	número ordinal que sigue a quinto (*sixth*)
contesto	presente del verbo contestar (*I answer*)
contexto	circunstancias alrededor de un hecho (*context*)
estática	que permanece en el mismo estado (*static*)
extática	que está en éxtasis (*ecstatic*)
estirpe	linaje (*family lineage, stock*)
extirpe	del verbo extirpar (*to root out, extirpate*)
laso	cansado, sin fuerzas, flojo (*weary, languid*)
laxo	relajado, libre (*lax, slack*)
lazo	nudo, trampa (*loop, lasso, trap*)

Práctica

Escriba una oración con cada una de las palabras de la lista anterior.

1. cesto _____

   sexto _____

2. contesto _____

   contexto _____

3. estática _____

   extática _____

4. estirpe _____

   extirpe _____

5. laso _____

   laxo _____

   lazo _____

 ## II. Gramática

El modo subjuntivo (Segunda parte)

A. Formación del imperfecto del subjuntivo

Para formar el imperfecto del subjuntivo, se parte de la tercera persona plural del pretérito del indicativo (cantaron, comieron, escribieron) y se le quita la terminación **-ron**. A la forma resultante (canta-, comie-, escribie-) se le agregan las terminaciones siguientes: **-ra**, **-ras**, **-ra**, **-ramos**, **-rais**, **-ran**. Se puede también usar las terminaciones **-se**, **-ses**, **-se**, **-semos**, **-seis**, **-sen**, pero estas formas se escuchan menos.

1. **Verbos regulares**

   En la tabla siguiente se observan tres verbos conjugados en el imperfecto del subjuntivo.

cantar	**comer**	**escribir**
cantara o cantase	comiera o comiese	escribiera o escribiese
cantaras o cantases	comieras o comieses	escribieras o escribieses
cantara o cantase	comiera o comiese	escribiera o escribiese
cantáramos o cantásemos	comiéramos o comiésemos	escribiéramos o escribiésemos
cantaran o cantasen	comieran o comiesen	escribieran o escribiesen

2. **Verbos irregulares**

   Los verbos que son irregulares en el pretérito del indicativo son también irregulares en el imperfecto del subjuntivo. Estos verbos tienen su irregularidad en la raíz y no en las terminaciones.

Infinitivo	Pretérito (3° pers. pl.)	Raíz del imperfecto del subj.	Imperfecto del subj. (3° pers. pl.)
caber	cupieron	cupie-	cupieran
dar	dieron	die-	dieran
decir	dijeron	dije-	dijeran
dormir	durmieron	durmie-	durmieran
estar	estuvieron	estuvie-	estuvieran
hacer	hicieron	hicie-	hicieran
ir	fueron	fue-	fueran
poder	pudieron	pudie-	pudieran
saber	supieron	supie-	supieran
ser	fueron	fue-	fueran
servir	sirvieron	sirvie-	sirvieran
tener	tuvieron	tuvie-	tuvieran
traer	trajeron	traje-	trajeran
venir	vinieron	vinie-	vinieran

3. Usos del imperfecto del subjuntivo

El imperfecto del subjuntivo se usa cuando el verbo de la cláusula principal está en el pretérito o el imperfecto del indicativo o en el modo condicional. Los mismos contextos que requieren el uso del subjuntivo en el presente hacen necesario usar el imperfecto del subjuntivo en el pasado. Lea los ejemplos siguientes y observe la relación entre el verbo de la cláusula principal y el de la subordinada.

Mi jefa **insiste** que **entreviste** a un locutor de noticias sobre la industria televisiva.
Mi jefa **insistió** que **entrevistara** a un locutor de noticias sobre la industria televisiva.

Mis colegas **dudan** que yo **sepa** usar bien el Internet en mis investigaciones.
Mis colegas **dudaban** que yo **supiera** usar bien el Internet en mis investigaciones.

Quiere que **hablemos** bien claro para que los extranjeros nos **entiendan** mejor.
Quería que **habláramos** bien claro para que los extranjeros nos **entendieran** mejor.

Si **tienes** que hacer tanta tarea, no **podrás** ver televisión.
Si **tuvieras** que hacer tanta tarea, no **podrías** ver televisión.

Práctica

1. Llene el espacio en blanco con la forma correcta del **imperfecto del subjuntivo**.

   a. Castro **insiste** en que los reporteros le **hagan** sus entrevistas en español.

   Castro insistió en que los reporteros le _____ sus entrevistas en español.

   b. La periodista le **pide** a la víctima que **explique** cómo ocurrió el asalto.

   La periodista le **pidió** a la víctima que _____ cómo había ocurrido el asalto.

   c. **Estudio** español para que algún día **pueda** establecer mi compañía en Sudamérica.

   Estudié español para que algún día _____ establecer mi compañía en Sudamérica.

   d. Me **alegro** de que al fin no **fumes** más.

   Me **alegraba** de que al fin no _____ más.

   e. **Esperan** que todo te **salga** bien en el nuevo puesto.

   Esperaban que todo te _____ bien en el nuevo puesto.

   f. Jorge **prefiere** que **hablemos** español en casa.

   Jorge **hubiera preferido** que _____ español en casa.

   g. Me **aconsejan** que **llegue** a tiempo a la cita con la junta directiva.

   Me **aconsejaron** que _____ a tiempo a la cita con la junta directiva.

   h. Siempre le **digo** a mi hermana que **aproveche** bien sus cursos de la universidad.

   Siempre le **decía** a mi hermana que _____ bien sus cursos de la universidad.

   i. Me **iré** a España en diciembre si **tengo** el dinero para el viaje.

   Me **iría** a España en diciembre si _____ el dinero para el viaje.

   j. No **quiero** que me **ayudes** a pagar las cuentas.

   No **quería** que me_____ a pagar las cuentas.

2. Complete las oraciones a continuación con la forma correcta del imperfecto del subjuntivo del verbo entre paréntesis.

a. Si _____ (pasar) el examen para ser intérprete, tendría mejores opciones de empleo.

b. Hablaba de Octavio Paz como si lo _____ (haber) conocido.

c. Estaba tosiendo mucho, como si _____ (tener) un fuerte resfriado.

d. Te dije el secreto con tal que no se lo _____ (contar) a nadie.

e. Por mal que ella _____ (escribir) el español, lo hablaba a las mil maravillas.

f. No pudimos permitir que nuestra amiga _____ (seguir) pensando tan bien de una persona que no hablaba bien de ella.

g. Me iría a España por unos meses, si me _____ (ganar) la lotería.

h. No conocíamos a nadie que _____ (saber) utilizar el nuevo programa de diseño gráfico.

i. Necesitaba un intérprete que _____ (hablar) español y holandés.

j. Mis abuelos insistieron en que todos sus nietos _____ (aprender) español.

3. Ponga en el pasado cada oración. Cambie el verbo de la cláusula subordinada del presente al imperfecto del subjuntivo.

a. No hay nadie en la clase que pueda leer latín clásico.

_____

b. Preferimos un intérprete que entienda español, inglés y portugués, y que sea puntual.

_____

_____

c. Quiere que su hermano aprenda informática.

_____

d. Duda que regrese a ese congreso el verano próximo.

_____

e. Es posible que David esté enojado con Ramón.

_____

f. La compañía pide que el gerente tenga cinco años de experiencia en hostelería y que conozca todos los aspectos del negocio.

_____

_____

g. La universidad le pide al profesor López que ofrezca tres cursos de escultura cada semestre.

_____

_____

h. La Srta. Hernández insiste en que mi amigo le traiga el expediente lo más pronto posible.

_____

_____

i. Es necesario que hagamos una copia de nuestros trabajos antes de entregárselos a la profesora.

_____

_____

j. Te dice que es imprescindible que vayas a la reunión en Atlanta.

_____

_____

4. Llene los espacios en blanco con la forma apropiada del subjuntivo de los verbos entre paréntesis.

a. Buscaba un libro en español que me _____ (servir) de introducción a la informática. ¿Hay uno bueno?

b. Necesito encontrar un técnico que me _____ (ayudar) a solucionar las dificultades que tenemos con el correo electrónico.

c. ¿No había alguien allí que _____ (poder) traducir la noticia al español?

d. Me alegré mucho de que mi hermano _____ (haber) venido a pasar aquí unos días con su familia.

e. Fue una verdadera lástima que_____ (llover) justo cuando teníamos que salir para la playa.

f. Me pareció muy extraño que el locutor _____ (decir) eso por televisión.

g. Fue muy difícil que Roberto _____ (pasar) el examen de computación, pero lo pasó.

h. Lamentamos mucho que nosotros _____ (tener) que dejar fuera su artículo por razones de espacio. Saldrá en el próximo número; se lo prometemos.

i. Pensábamos almorzar en el patio, con tal que no _____ (hacer) demasiado calor o que _____ (haber) muchos mosquitos.

j. No conocemos a nadie que _____ (comer) tanto como Enrique.

 ## C. El presente perfecto y el pluscuamperfecto del subjuntivo

1. El presente perfecto del subjuntivo

El presente perfecto del subjuntivo se forma usando el verbo auxiliar **haber** en el presente del subjuntivo y el participio del verbo.

cantar	aprender	insistir
haya cantado	**haya** aprendido	**haya** insistido
hayas cantado	**hayas** aprendido	**hayas** insistido
haya cantado	**haya** aprendido	**haya** insistido
hayamos cantado	**hayamos** aprendido	**hayamos** insistido
hayan cantado	**hayan** aprendido	**hayan** insistido

Ejemplos: Dudo que Juan **haya terminado** la traducción tan pronto.

La profesora esperará hasta que **hayan llegado** todos los alumnos.

Los amigos de Felipe y Cristina no piensan que **hayan ido** a Grecia; creen que están en Italia todavía.

2. El pluscuamperfecto del subjuntivo

El pluscuamperfecto del subjuntivo se forma usando el verbo auxiliar **haber** en el pretérito imperfecto del subjuntivo y el participio del verbo.

cantar	aprender	insistir
hubiera cantado	**hubiera** aprendido	**hubiera** insistido
hubieras cantado	**hubieras** aprendido	**hubieras** insistido
hubiera cantado	**hubiera** aprendido	**hubiera** insistido
hubiéramos cantado	**hubiéramos** aprendido	**hubiéramos** insistido
hubieran cantado	**hubieran** aprendido	**hubieran** insistido

Ejemplos: Preferiría que Paco **hubiera bailado** una rumba.

Si los estudiantes **hubieran pasado** más tiempo en el laboratorio, habrían tenido más posibilidades de pasar el examen.

No parecía que el policía **hubiera arrestado** erróneamente al sospechoso.

Práctica

1. Use la imaginación para completar las siguientes oraciones con cualquier forma apropiada del subjuntivo, según el contexto.

   a. Buscaba un compañero de cuarto que...

   _____

   b. Mi novia(o) preferiría que le...

   _____

   c. Quería ver la nueva película de Javier Bardem con tal que...

   _____

   d. No íbamos a terminar la tarea mientras que...

   _____

   e. No encontré una computadora que...

   _____

   f. Debía tratar de aprender portugués antes de que...

   _____

   g. Yo viajaría a Costa Rica todos los años si...

   _____

   h. Mis abuelos insistieron en que yo...

   _____

   i. Mi familia tuvo que mudarse a Nueva York antes que...

   _____

   j. Betty necesitaba encontrar un asistente que...

   _____

Nuevos mundos Cuaderno   © 2012 John Wiley & Sons, Inc.

III. Vocabulario

A. Frases idiomáticas

Las frases idiomáticas son indispensables para una comunicación buena y efectiva. Para los que estudian español como primera o segunda lengua estas son importantísimas para poder entender y expresarse. Aunque los estudiantes hispanos bilingües suelen conocer muchísimas frases idiomáticas, tienen a veces dudas sobre su uso, debido a la influencia del inglés. No siempre da resultado traducir la frase literalmente del inglés, ya que cada idioma tiene sus propios matices y las mismas palabras pueden expresar una idea diferente.

Lea las expresiones que siguen individualmente o con un(a) compañero(a). Escoja(n) las cinco que les resulten menos conocidas.

No dar el brazo a torcer, *to be obstinate, to stick to one's guns.*
No creo que su padre vaya a dar el brazo a torcer en el asunto de la computadora.

Dar en el clavo, *to hit the nail on the head.*
Le gustó mucho el regalo que le compré. Me parece que di en el clavo.

Dar la cara, *to take responsibility.*
Mariano da la cara cuando es necesario. Él enfrenta la verdad y acepta su responsabilidad.

Dar por descontado, *to take for granted.*
La salud es algo que no se puede dar por descontado.

Dar una mano, *to lend a hand.*
Es necesario que le demos una mano a Carlos. Él necesita nuestra ayuda.

Don de gentes, *charm, winning ways.*
Guillermo tiene gran don de gentes. Se lleva bien con todos sus colegas y cae muy bien.

En un dos por tres, *in a jiffy, in a flash, in no time at all.*
Hizo sus tareas en un dos por tres y se fue con sus amigas.

En resumidas cuentas, *in short, in a word.*
En resumidas cuentas, aunque no quería comprarse otra computadora, tuvo que hacerlo para poder terminar el trabajo.

Estar en lo cierto, *to know the truth of the matter.*
Estábamos en lo cierto cuando dijimos que la chica era inocente.

Estar por los suelos o tener el ánimo por los suelos, *to be down in the dumps.*
Desde que Gilberto se quedó sin trabajo, tiene el ánimo por los suelos.

Estar en vigor, *to be in force or effect.*
La ley que declaró que el inglés es el idioma oficial de Florida todavía está en vigor.

Hacer(se) la vista gorda, *to pretend not to notice, to turn a blind eye.*

Aunque Manuela estaba copiándose en la prueba, el profesor se hizo la vista gorda.

Hacerle un feo a alguien, *to slight someone.*

Mi madre insistió que siempre tratara de no hacerle un feo a nadie.

No tener pelos en la lengua, *to be outspoken, to speak one's mind.*

Esa mujer no tiene pelos en la lengua; dice todo lo que tiene que decir aun si ofende.

Leer entre renglones, *to read between the lines.*

El contrato especifica bien todo. No es necesario leer entre renglones.

Pasar por alto, *to disregard, to overlook.*

No se pueden pasar por alto los grandes errores que cometió en el examen. Debe repetir el curso.

Pensar en las musarañas, *to become distracted, to be in another world.*

Por estar pensando en las musarañas se me fue el último autobús.

Salirse con la suya, *to get one's own way.*

Aquel hombre era un descarado... siempre se salía con la suya.

Sin comerlo ni beberlo, *without having anything to do with it.*

Por culpa de su hermano, Carla se tuvo que aguantar un plantón de dos horas sin comerlo ni beberlo.

Tropezarse con alguien, *to run into, to meet.*

Ayer nos tropezamos con unos amigos a quienes no habíamos visto por muchos años.

Práctica

1. Escriba(n) la lista de las expresiones que hayan escogido de la lectura. Luego haga(n) una oración con cada una de esas expresiones.

   a. _____

   _____

   b. _____

   _____

   c. _____

   _____

   d. _____

   _____

e. _____

_____

2. Vuelva a escribir las siguientes oraciones reemplazando las palabras subrayadas por una expresión idiomática. Haga los cambios que sean necesarios.

   a. El hermano de Alberto <u>se mantiene firme</u>: no va a prestarle su auto.

   _____

   _____

   b. Me parece que esta vez Alberto <u>no va a poder hacer lo que quiere</u>.

   _____

   _____

   c. Horacio dice que él no quiere <u>hacerse responsable</u> de lo que haga Alberto.

   _____

   _____

   d. La última vez que Alberto sacó el coche de Horacio, lo estacionó mal. Horacio acabó pagando una multa, aunque <u>no tenía nada que ver</u>.

   _____

   _____

   e. Como Alberto <u>trata muy bien a todo el mundo</u>, es fácil <u>ignorar</u> que es un irresponsable.

   _____

   _____

   f. Sí, y hasta hace poco Horacio <u>hacía como si no se diera cuenta</u> de la conducta de su hermano.

   _____

   _____

   g. Ahora las cosas son diferentes. La situación cambió <u>de un día para el otro</u>.

   _____

   _____

h. No hay nada que siga igual... <u>Ahora se aplica</u> una nueva ley.

_____

_____

3. Traduzca al español las siguientes oraciones.

a. *My boss is never very direct or frank about criticizing his employees, but if you read between the lines you'll get his meaning.*

_____

_____

b. *You should never take for granted your parents' love.*

_____

_____

c. *Even though it wasn't her fault, Roxana took full responsibility for the mix-up.*

_____

_____

d. *Mario really hit the nail on the head when he told us that Raquel was used to getting her own way.*

_____

_____

e. *I ran into Rodrigo at the bus stop the other day. I pretended not to notice his newest tattoo.*

_____

_____

f. *The new rules about visiting hours at the dorms will go into effect next semester.*

_____

_____

g. *Carmen slighted Juan when she told him that Raquel wouldn't go out with him because he's too short. Being outspoken doesn't mean you have to be unkind.*

_____

_____

Casi toda profesión tiene su propia jerga, su lenguaje técnico. Aunque esta jerga especial les hace más fácil a los miembros de esa profesión comunicarse entre sí, les complica la vida a los que no entienden su vocabulario especial. Cualquier persona que haya escuchado hablar a un grupo de policías, o que haya intentado leer una comunicación de un abogado a un tribunal se habrá dado cuenta de que esas profesiones tienen un vocabulario propio.

Los especialistas en computadoras no son más fáciles de entender que los abogados. Sin embargo, la influencia del inglés en la jerga hispanoparlante del ciberespacio facilita su comprensión para el angloparlante. Algunos términos se traducen al español, pero otros no se traducen bien y la gente prefiere utilizar el vocablo en inglés (por ejemplo, la misma palabra *Internet*). Lea individualmente o en un grupo de tres o cuatro estudiantes el cuadro siguiente. Luego comente(n) los puntos a continuación:

- si ha(n) escuchado ese modismo alguna vez.
- si lo ha(n) escuchado con otro significado.
- qué otra expresión o expresiones conoce(n) para expresar lo mismo.

Comparta(n) sus observaciones con el resto de la clase.

La jerga (*jargon*) de los usuarios de computadoras

aplicación	*application*
autopista de información	*information superhighway*
archivos	*files*
almacenar	*to store (data)*
buscadores	*search engines*
chatear	*to chat*
correo electrónico	*e-mail*
disco duro	*hard drive*
enlaces	*links*
en línea	*on line*
informática	*computing, computer science*
módem	*modem*
navegar	*surf the Web*
nivel anterior	*previous page*
ordenador (España)	*computer*
ratón	*mouse*
la red	*the Web*
servidor	*server*
sitio Web	*Web site*
programa	*software*
usuarios	*users*

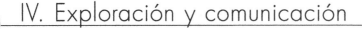

 Las recomendaciones siguientes vienen de *¡Cristina! Confidencias de una rubia*, escrito por la popular animadora de televisión Cristina Saralegui y publicado en 1998. Después de leer sus sugerencias, haga una lista de sus metas a largo y a corto plazo. En un breve ensayo de dos o tres páginas, describa sus metas y señale por qué cada una de ellas es importante para usted. Explique también su plan para lograrlas todas.

COMO ALCANZAR TUS METAS

El éxito es un punto a donde todos queremos llegar, ya sea en el plano afectivo, económico, estético o profesional. El problema es que –como si se tratara de encontrar un tesoro– nadie te cede el mapa. O, al menos, no te explican concretamente lo que hay que hacer para conseguirlo. Te dicen que hay que creer en sí mismo, luchar mucho y levantarte cada vez que te tumben. Yo pienso que esos ingredientes sí son vitales, pero lo más importante es organizarse mentalmente y señalar el camino (o los caminos) a seguir, que nos lleven hacia lo que queremos lograr. Y por si acaso, siempre hay que trazar rutas alternas.

- Siempre se trabaja de atrás hacia adelante. Recomendación: visualiza hasta dónde quieres llegar para que sepas por dónde tienes que ir. Por ejemplo, si sabes dónde quieres estar dentro de un año, divide mentalmente los caminos que debes ir tomando.

- Enumera en una libreta cuáles son las cosas más importantes de tu vida, las que tienen más valor... tu familia, tu trabajo, etc.

- De acuerdo a esos principios, define (y anota) las metas que quieres alcanzar: una casa más grande para tu familia, un mejor trabajo para ti.

- Las metas a largo plazo generan metas inmediatas. Para adquirir una casa más grande, debes conseguir un mejor trabajo que te ofrezca un salario más alto. Lo siguiente es analizar con qué cuentas para aspirar a obtenerlo. ¿Qué posibilidades tienes de que te asciendan en tu trabajo actual? Si piensas que ya llegaste a la cima en tu campo, puedes comenzar a buscar trabajo en otras áreas, o considerar iniciar tu propio negocio. ¿Cuentas con dinero para lanzarte a la aventura? ¿Qué posibilidades tienes de obtener un préstamo bancario?

MIS METAS

Escriba cuáles son sus metas. Compárelas después con las metas de un(a) compañero(a) o con las de un grupo de tres o cuatro estudiantes.

1. _____

2. _____

3. _____

4. _____

5. _____

6. _____

7. _____

8. _____

V. Para terminar

Escriba ahora en una hoja aparte un párrafo sobre la cita de Jorge Ramos al comienzo del capítulo o comparta sus ideas sobre la misma con un(a) compañero(a) o un grupo de tres o cuatro estudiantes

Acknowledgment is hereby made to the owners of the following copyrighted material.

p. 1: Copyright © 1998 by the New York Times Company. Reprinted by permission of the author and the publisher.

p. 21: Valdés, Guadalupe. "Foreign Language Teaching and the Proposed National Foundation for International Studies." *Profession 88*. New York: Modern Language Association.

p. 33, 47, 75, 84, 94, 118, 132: Hernán Henríquez. Reprinted by permission.

p. 34: Courtesy Ana Roca

p. 41: Zentella. Ana Celia. *El impacto de la realidad socio-económica en las comunidades hispanoparlantes de los Estados Unidos: Reto a ta teoría y metodología lingüística*. Bergen, John J., ed. *Spanish in the United States: Sociolinguistic Issues*. Georgetown University Press, 1990.

p. 41: © Gabriel Gonzalez/EPA/NewsCom

p. 57: From *Ecos*, 12 de marzo de 1955, p. 34. *A Study of the Influence of English on the Spanish of Puerto Ricans of Jersey City, New Jersey*, tesis doctoral de Charles W. Kreidler, Michigan University, 1957.

p. 59: Elías Miguel Muñoz, "Carta de Julio," in Julián Olivares, ed., *Cuentos hispanos de los Estados Unidos* (Houston: Art Público Press, 1993), p. 233. Reprinted by permission.

p. 77: Azevedo, Milton M. *Introducción a la lingüística española*. Prentice-Hall, 1992.

p. 91, 109: Elena Poniatowska, "Mujer y literatura en América Latina," *Eco, Revista de la Cultura del Occidente*, Volumen III Número 3, 1983. Copyright © 1983 by Elena Poniatowska. Reprinted by permission of Susan Bergholz Literary Services, New York. All rights reserved.

p. 129: Cartoon by Jim Morin. © 1997. Reprinted by permission of *El Nuevo Herald*.

p. 131: Daniel Sherr, "Entrevista con Jorge Ramos," *Cuadernos Cervantes de la Lengua Española*. No. 8, mayo-junio de 1996, págs. 18–20.

p. 146: From: *Cristina: Confidencias de una rubia* by Cristina Saralegui. By permission of Little, Brown and Company.

Every effort has been made to locate the copyright owners and seek their permission to use the copyrighted material appearing in this publication. In those instances where attempts were unsuccessful and the copyright owner becomes aware of our use of their material, we welcome their contacting the publisher.

Notas

Notas

Notas

Notas

Notas

Notas

Notas

Notas

Notas

Notas

Notas

Notas